學會紫白飛星

這本最好學

黃恆堉、李羽宸◎著

作者序

靈活運用，論斷陽宅吉凶

黃恆堉

在整理這本紫白飛星陽宅論斷資料時，讓我思考人的一生運勢不應只決定於陽宅風水，常說：一命，二運，三風水，四積德，五讀書，既然風水也只佔五大因素之一，為什麼仍然有那麼多人相信陽宅對人的影響甚巨，因而有更多人希望聘請風水老師幫忙設計規劃呢？

依個人了解，大多數的老師在診斷陽宅吉凶時，佔有80%以上都是看局勢《俗稱巒頭》，巒頭又分外局及內局，往往在內，外局上看出會有形煞吉凶現象產生時，老師就會根據自己所學的理論加以判斷，那些年會應吉，那些年會發凶，這些在論斷流年吉凶的方式稱之為理氣。

紫白飛星就是一套論斷陽宅本身吉凶，進而推論到流年，流月，流日斷吉凶的方便法門，因為陽宅本身就是一個磁場，人出生時也是一個磁場，流年的天干地支變化也是一種磁場，而我們居住在房子裡，就等於磁場在其間的相互感應，再加上流年因素變成多種磁場互相剋應之下，當然就可論斷在那一年那一月，住在這房子的人將會有甚麼現象產生，所以此派紫白飛星學，可讓我們推斷個人，在流年或流月上會產生吉或凶的一套學術。

依據過去在實務上的論斷，此派的推論準確性非常高，各位學者不妨將此書列為堪輿陽宅規劃的重要派別之一，讓學習層面更為廣泛，

一本書的價值不是頁數的多寡，而是內容實不實用，當然每一套陽宅學派要深入研究其理論原由，並非一朝一夕可以說清楚，如何將簡單且實務能應用在房子或營業場所及工廠上能得到較好的改善，這才是寫書的宗旨，於是將此學派以最簡便，且可以靈活應用的方式呈現，其紫白飛星原理已依各章節整理出來，只要您用心看完每一章節，保證您可以依本書的方法，來診斷每個人之流年吉凶，以及每間房子的八大方位所感應的好壞磁場，均能提供印證。

本書第一章就告訴您何謂紫白飛星，如何排盤，當盤排好後如何得知屋中各方位磁場分佈，然後各方位磁場與家中每個成員相互感應之後會有怎樣的結果，如果產生不良的結果要如何化解，因為每年的干支不同，住在同一間房子中的每個人，因流年跟本命的陽宅磁場相剋應，到底是會產生吉相，那一個人會產生凶相，本書也會做詳細的分析。

當然每個家庭都相當關心的財位，文昌考試位姻緣桃花位等，要如何知道及催旺呢？本書將有清楚交待，至於各不同方位的房子開了什麼的大門會有什麼樣的結果，以及在屋外的水流及形煞會對房子產生什麼樣的剋應，本書也都有將其整理的非常詳細，能讓讀者一看就懂。

最後單元提到不孕症，在陽宅佈局上對不容易受孕者，我所建議的方法也可以得到不錯

的幫助，想知道一個人如何求財求壽，求健康求姻緣，求功名的另類方法嗎?那就是本書最後一個單元將會告訴您的【生基造福開運大法】，相信本書所編寫的這些內容方法，讓您不用花費太多的時間就能學會其中的竅門，這才是作者的期望，如果有任何不了解的部份，請您來信互相研究，感謝您！

祝各位有緣人，身體健康，萬事如意，感恩一切。

台中市五術教育協會　創會理事長　黃恆堉

甲午年孟秋謹序於吉祥坊易經開運中心

網址：www.abab.com.tw 04-24521393

作者序

風水與生活相結合

李羽宸

紫白飛星法是堪輿陽宅吉凶的重要派別與方法之一，追根朔源遠自南北朝時期，星象家就根據節氣的變化，陰陽，五行，方位，以後天八卦演繹成九個宮位，由九顆虛擬之星，配上年月日時，上下左右飛泊斷其吉凶，並藉此達到趨吉避凶之效。

「門迎春夏秋冬福，戶納東西南北財。」此具有吉祥納福招財的對聯，正可與本書「紫白飛星」的論點互相輝映，舉凡尋財位，求文昌，招桃花，都可以利用九星飛泊，以「中宮」為我，對照八個方位五行對「我」的生剋關係而產生磁場的靈動吉凶，有生氣方，旺氣方，洩氣方，死氣方，煞氣方，沖關方，生氣，旺氣方可開門，安床，安神位，置爐灶；洩氣，死氣方可置廁所，放冰箱，電視，重物；煞氣方可安床，置放輕型物品；沖關方一般皆是混濁之氣，宜開門出煞，而紫白飛星必須要以宅，年，月三者合看，並且配合本身命卦，斷其宅運之興盛旺衰，切不可僅依其一為斷，則禍福必定不準。

「風水學」分為陽宅風水與陰宅風水，觀察龍脈入首的法則，陰陽宅推論皆同，陽宅風水注重大門、客廳、神明廳、主臥室、灶位、樓梯、廚房、浴廁、陽台、周遭山川景觀等；

陰宅風水注重龍穴砂水，形圓平正，秀麗端莊，得龍脈之真氣，便可予以取之。

其實風水講究的就是「出世」和「入世」，所謂「出世」就是陽宅的風水「內六事」與「外六事」，一間好的陽宅，不管它的新舊，只要一進門，能讓人感覺很舒服，動線很流暢，喜歡在家中逗留，這樣的房子一般都很不錯；相反的一進門，就感覺一股陰涼之氣，很難久居其中，這樣的房子就不適合長久的居住，而「入世」就是要行善積德，所謂「行善積德，定能添福添壽。」就是這個道理。

風水學派別繁多，分析與應用的範圍也相當廣泛，而紫白飛星法對於初學者來說，卻是非常簡單易學，只要稍微具有基本天干地支，五行方位，陰陽生剋的認識，經過本書由淺入深，循序漸進的一一介紹，將風水與生活相結合，讀者便能夠藉由本書的呈現，讓自己對於風水之學能更加了解。

在現實生活中，利用風水確實能夠改善家庭生活與人際關係，它能幫助您找到好姻緣，也能幫您求得好文昌，更能讓您財源廣進，平安又健康，但是任何學派都不可能百分之百能夠做到，所以才會出版一系列的「陽宅書籍」，筆者於命理風水的專業，除了拜師學藝之外，很多知識也都是由書中獲得，互相融會運用，在陽宅堪輿或規劃佈局的時候更能夠駕輕就熟，得心應手，就算是目前坊間或是檯面上的老師，很多都是看書自修而來，並沒有真正的拜師學藝，所以只要這一系列的「陽宅書籍」您能夠熟讀貫通，必定能夠讓您幫助更多需要幫助的人，也當您擁有足夠的風水知識之後，屆時依您的所學，不僅能夠成為家傳之寶，更有機會成為專業風水師。

風水學目前在世界各地都非常風行，對於台灣的老師是更加的推崇，說穿了這可是跟風水師的功力沒有多大的關係，其實憑藉的就是「五術叢書」，「命理書籍」的出版，讓世界各地，尤其是華人聚居之處，更加了解風水所帶來的正面磁場能量。

所謂：「入門三相，便知其家，」陸陸續續「陽宅系列」書籍付梓，包括《十分鐘學會看懂陽宅風水》、《學會八宅明鏡，這本最簡單》、《學會紫白飛星，這本最好學》、《學會乾坤國寶，這本最容易》、《學會三元玄空，這本最好用》、《學會羅盤運用，這本最正確》等，旨在導正一般人對於陽宅正確的認知，祈使每位讀者都能夠深得其用，自助而助人，最後謹以《中國五術教育協會》三尊保護神：謙虛，尊重，禮讓，與大家共勉，祝福大家，謝謝大家，感恩！感恩！再感恩！

高雄市五術教育協會　理事長　李羽宸
甲午年孟秋謹序於吉謙坊命理開運中心
網址：www.3478.com.tw　0930-867707

第七章　紫白飛星家中文昌位

第八章　紫白飛星家中財庫位

第十二章 綜合各派對不孕症之佈局解說

第十三章 生基造福開運祕法

第十四章 實際範例：陽宅診斷與規劃

第一章

紫白飛星排盤原理

論斷陽宅吉凶，除了五行生剋關係之外，陽宅流年，流月，流日之吉凶，則以九宮飛泊的年月紫白飛星的應驗度最高，如果能靈活運用就能達到趨吉避凶之功效，以下我們就循序漸進來了解紫白飛星的實務運用。

第一節　三元紫白法與三元九運原理

三元紫白法「飛星」所用的九星，各有其專有名詞：「一白貪狼水、二黑巨門土、三碧祿存木、四綠文曲木、五黃廉貞土、六白武曲金、七赤破軍金、八白左輔土、九紫右弼火。」

一、二、三、四、五、六、七、八、九，都是一個代號，也就是每宮官星之數，依照九宮原始固定排列方式，橫，直，斜，縱，相加皆為十五。

白、黑、碧、綠、黃、赤、紫，均為每

南

4綠 文曲木	9紫 右弼火	2黑 巨門土
3碧 祿存木	5黃 廉貞土	7赤 破軍金
8白 左輔土	1白 貪狼水	6白 武曲金

北

數的固定配色，如一配白、二配黑、三配碧、四配綠、五配黃、六配白、七配赤、八配白、九配紫。而紫，白兩色為吉，其餘為凶，尤以黃色為大凶，故稱「五黃」為「大煞」。

各星的五行與斗數並不同，如貪狼在斗數中屬木，但是紫白飛星法屬水，其五行的歸屬完全依卦位而定，如一白在坎（北方）屬水、二黑在坤（西南方）屬土、三碧在震（東方）屬木、四綠在巽（東南方）屬木、五黃在中宮屬土、六白在乾（西北方）屬金、七赤在兌（西方）屬金、八白在艮（東北方）屬土、九紫在離（南方）屬火。

三元九運乃是由洛書演繹而來，據說大禹治水時，洛水出現神龜，而神龜背部的龜甲裂痕成紋，類似圖案般而稱之為洛書。

三元分為上元、中元、下元，每一元為六十年，稱為大運，三元共為一百八十年，在每元的六十年當中，每元又分為三運，所以總共是九運，每運二十年，稱為小運，而每運二十年期間，佐以北斗七星之輪值，形成了九宮星運。

元運九星用來論斷流年之吉凶，與八宅派用來論斷方位之吉凶，其九星雖為同名，但是論斷的方法與其用途，則完全不同，在此讀者必須多加注意。

三元九運又稱為「洛書元運」，乃是依洛書九宮之數劃分而成，又稱「行運星」，其運數的變化是依照本太陽系中，與地球最密切的兩大星球，木星與土星運行相會之週期而定。

木星又稱太歲星，每十二年繞太陽一週，土星則是每三十年繞太陽一週，因此土星與木星每二十年會合一次，稱之為一運，又十二年與三十年之最小公倍數六十年，六十年謂之一元，乃土星與木星又交會在同一地點，歷經三元一百八十年，則完成洛書九運之一週期，謂之「三元九運」。

三元九運九星輪值表

三元	天干地支	年代	九運	輪值星	九宮	五行	方位	24山
上元 60年	甲子－癸未 甲申－癸卯 甲辰－癸亥	同治03年－光緒09年 光緒10年－光緒29年 光緒30年－民國12年	一運 二運 三運	貪狼星 巨門星 祿存星	一白 二黑 三碧	坎水 坤土 震木	北方 西南 東方	壬子癸 未坤申 甲卯乙
中元 60年	甲子－癸未 甲申－癸卯 甲辰－癸亥	民國13年－民國32年 民國33年－民國52年 民國53年－民國72年	四運 五運 六運	文曲星 廉貞星 武曲星	四綠 五黃 六白	巽木 中土 乾金	東南 中央 西北	辰巽巳 中央 戌乾亥
下元 60年	甲子－癸未 甲申－癸卯 甲辰－癸亥	民國73年－民國92年 民國93年－民國112年 民國113年－民國132年	七運 八運 九運	破軍星 左輔星 右弼星	七赤 八白 九紫	兌金 艮土 離火	西方 東北 南方	庚酉辛 丑艮寅 丙午丁

第二節　陽宅與人命配卦飛星之排法

有訣曰：「上元一白坎宮起、中元四綠中宮起、下元七赤逆行宮。」亦即上元甲子年起一白，中元甲子年起四綠，下元甲子年起七赤。

例如：現在為下元（七，八，九運），表示甲子年「中宮」起七赤、乙丑年起六白、丙寅年起五黃、丁卯年起四綠、戊辰年起三碧、己巳年起二黑，依此類推，則民國一〇三年甲午年，以四巽飛入「中宮」；一〇四年乙未年，以三震飛入「中宮」；一〇五年丙申年，以二坤飛入「中宮」，也可以使用掌訣，以男生七兌逆數得知，然後順飛九宮如圖所示：

男女手掌命卦法

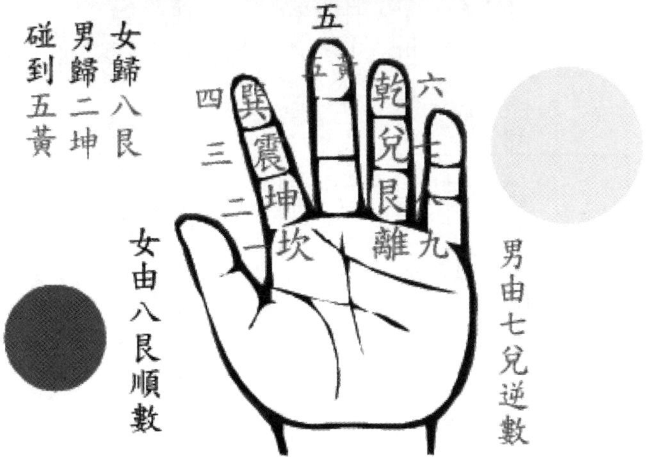

人命配卦求法：

以民國出生年「男命」為例：1965年=1965-1911=（54年次）數字相加為5＋4＝9，男命由七兌逆數九格，得結果是八艮，所以此人即為八艮西四命卦。

以民國出生年「女命」為例：2009年=2009-1911=（98年次）數字相加為9＋8＝17，由於超過兩位數，是故要再相加一次得出1＋7＝8，女命由八艮順數到八，得結果是六乾，所以此人即為六乾西四命卦。

以民國出生年「男命」為例：1968年=1968-1911=（57年次）數字相加為5＋7＝12，由於超過兩位數，是故要再相加一次得出1＋2＝3，男命由七兌逆數三格，得結果是五黃，碰到五黃（男命歸二坤，女命歸八艮），所以此人即為二坤西四命卦。

以民國出生年「女命」為例：1954年=1954-1911=（43年次）數字相加為4＋3＝7，女命由八艮順數到7，得結果是五黃，碰到五黃（男命歸二坤，女命歸八艮），所以此人即為八艮西四命卦。

PS：必須要注意的是，男命數到五黃歸二坤西四命卦，女命數到五黃歸八艮西四命卦。

第三節　年紫白飛星之排法

要算出年紫白是何星入中宮，就需要用男命年命星的起法，一律由七兌逆數，惟若遇五黃，仍以五入中宮為用（不寄坤，艮兩宮）。

男女命卦速求表：年份須以【立春】交界為論

西元	年次	男生命卦	女生命卦	西元	年次	男生命卦	女生命卦	西元	年次	男生命卦	女生命卦
1931	20	六乾	九離	1969	58	四巽	二坤	2007	96	二坤	四巽
1932	21	二坤	一坎	1970	59	三震	三震	2008	97	一坎	八艮
1933	22	四巽	二坤	1971	60	二坤	四巽	2009	98	九離	六乾
1934	23	三震	三震	1972	61	一坎	八艮	2010	99	八艮	七兌
1935	24	二坤	四巽	1973	62	九離	六乾	2011	100	七兌	八艮
1936	25	一坎	八艮	1974	63	八艮	七兌	2012	101	六乾	九離
1937	26	九離	六乾	1975	64	七兌	八艮	2013	102	二坤	一坎
1938	27	八艮	七兌	1976	65	六乾	九離	2014	103	四巽	二坤
1939	28	七兌	八艮	1977	66	二坤	一坎	2015	104	三震	三震
1940	29	六乾	九離	1978	67	四巽	二坤	2016	105	二坤	四巽

1941	30	二坤	一坎	1979	68	三震	三震	2017	106	一坎	八艮
1942	31	四巽	二坤	1980	69	二坤	四巽	2018	107	九離	六乾
1943	32	三震	三震	1981	70	一坎	八艮	2019	108	八艮	七兌
1944	33	二坤	四巽	1982	71	九離	六乾	2020	109	七兌	八艮
1945	34	一坎	八艮	1983	72	八艮	七兌	2021	110	六乾	九離
1946	35	九離	六乾	1984	73	七兌	八艮	2022	111	二坤	一坎
1947	36	八艮	七兌	1985	74	六乾	九離	2023	112	四巽	二坤
1948	37	七兌	八艮	1986	75	二坤	一坎	2024	113	三震	三震
1949	38	六乾	九離	1987	76	四巽	二坤	2025	114	二坤	四巽
1950	39	二坤	一坎	1988	77	三震	三震	2026	115	一坎	八艮
1951	40	四巽	二坤	1989	78	二坤	四巽	2027	116	九離	六乾
1952	41	三震	三震	1990	79	一坎	八艮	2028	117	八艮	七兌
1953	42	二坤	四巽	1991	80	九離	六乾	2029	118	七兌	八艮
1954	43	一坎	八艮	1992	81	八艮	七兌	2030	119	六乾	九離
1955	44	九離	六乾	1993	82	七兌	八艮	2031	120	二坤	一坎
1956	45	八艮	七兌	1994	83	六乾	九離	2032	121	四巽	二坤
1957	46	七兌	八艮	1995	84	二坤	一坎	2033	122	三震	三震
1958	47	六乾	九離	1996	85	四巽	二坤	2034	123	二坤	四巽

1959	48	二坤	一坎	1997	86	三震	三震	2035	124	一坎	八艮
1960	49	四巽	二坤	1998	87	二坤	四巽	2036	125	九離	六乾
1961	50	三震	三震	1999	88	一坎	八艮	2037	126	八艮	七兌
1962	51	二坤	四巽	2000	89	九離	六乾	2038	127	七兌	八艮
1963	52	一坎	八艮	2001	90	八艮	七兌	2039	128	六乾	九離
1964	53	九離	六乾	2002	91	七兌	八艮	2040	129	二坤	一坎
1965	54	八艮	七兌	2003	92	六乾	九離	2041	130	四巽	二坤
1966	55	七兌	八艮	2004	93	二坤	一坎	2042	131	三震	三震
1967	56	六乾	九離	2005	94	四巽	二坤	2043	132	二坤	四巽
1968	57	二坤	一坎	2006	95	三震	三震	2044	133	一坎	八艮

例一：西元2014年，民國一〇三年飛星盤（甲午年），2014-1911=103年，103=1+0+3=4，所以就從（男生）七兌逆數四格，得結果是四巽，再將4代入中宮飛泊。

固定的飛泊順序一定由中宮開始↓西北方↓西方↓東北方↓南方↓北方↓西南方↓東方↓東南方。

南

3碧	8白	1白
2黑	4綠	6白
7赤	9紫	5黃

北

例二：西元2015年，民國一〇四年飛星盤（乙未年）。

2015-1911=104年，104=1+0+4=5，所以就從（男生）七兌逆數五格，得結果是三震，再將3代入中宮飛泊。

南

2黑	7赤	9紫
1白	3碧	5黃
6白	8白	4綠

北

例三：西元2016年，民國一〇五年飛星盤（丙申年）。

2016-1911=105年，105=1+0+5=6，所以就從（男生）七兌逆數六格，得結果是二坤，再將2代入中宮飛泊。

南

1白	6白	8白
9紫	2黑	4綠
5黃	7赤	3碧

北

第四節　月紫白飛星之排法

月上紫白曰：「旺年中宮八白得，墓是五黃生是黑，逐月逆星次第行，一年之星可推得。」此歌訣載明「生」、「旺」、「墓」年的分法，凡是寅、申、巳、亥年為「生」；子、午、卯、酉年為「旺」；辰、戌、丑、未年為「墓」，

寅、申、巳、亥為「生年」，中宮1月起二黑、2月起一白、3月起九紫、4月起八白、5月起七赤、6月起六白、7月起五黃、8月起四綠、9月起三碧、10月起二黑、11月起一白、12月起九紫。

子、午、卯、酉為「旺年」，中宮1月起八白、2月起七赤、3月起六白、4月起五黃、5月起四綠、6月起三碧、7月起二黑、8月起一白、9月起九紫、10月起八白、11月起七赤、12月起六白。

辰、戌、丑、未為「墓年」，中宮1月起五黃、2月起四綠、3月起三碧、4月起二黑、5月起一白、6月起九紫、7月起八白、8月起七赤、9月起六白、10月起五黃、11月起四綠、12月起三碧。

又訣曰：「子午卯酉起八白、寅申巳亥二黑求、辰戌丑未五黃起」，然後順推月令，逆飛九星。

例如：民國一〇三年甲午年，1月「中宮」起八白、依次逆飛九星、2月七赤入「中宮」、3月六白入「中宮」、4月五黃入「中宮」、5月四綠入「中宮」、6月三碧入「中宮」、7月二黑入「中宮」、8月一白入「中宮」、9月九紫入「中宮」、10月八白入「中宮」、11月七赤入「中宮」、12月六白入「中宮」。

而民國一〇四年乙未年，1月五黃入「中宮」飛泊；民國一〇五年丙申年，1月二黑入「中宮」飛泊，其餘如上推論。

月紫白飛星的影響力，與宅，年紫白飛星同論，在此茲將八，九運（民國93年至民國132年）的年紫白飛星及正月的月紫白飛星入「中宮」飛泊情形，列表如下：

年月紫白飛星表

八大運	天干地支	年紫白飛星	正月紫白飛星	九大運	天干地支	年紫白飛星	正月紫白飛星
93年	甲申年	5黃	2黑	113年	甲辰年	3碧	5黃
94年	乙酉年	4綠	8白	114年	乙巳年	2黑	2黑
95年	丙戌年	3碧	5黃	115年	丙午年	1白	8白
96年	丁亥年	2黑	2黑	116年	丁未年	9紫	5黃

97年	戊子年	1白	8白	117年	戊申年	8白	2黑
98年	己丑年	9紫	5黃	118年	己酉年	7赤	8白
99年	庚寅年	8白	2黑	119年	庚戌年	6白	5黃
100年	辛卯年	7赤	8白	120年	辛亥年	5黃	2黑
101年	壬辰年	6白	5黃	121年	壬子年	4綠	8白
102年	癸巳年	5黃	2黑	122年	癸丑年	3碧	5黃
103年	甲午年	4綠	8白	123年	甲寅年	2黑	2黑
104年	乙未年	3碧	5黃	124年	乙卯年	1白	8白
105年	丙申年	2黑	2黑	125年	丙辰年	9紫	5黃
106年	丁酉年	1白	8白	126年	丁巳年	8白	2黑
107年	戊戌年	9紫	5黃	127年	戊午年	7赤	8白
108年	己亥年	8白	2黑	128年	己未年	6白	5黃
109年	庚子年	7赤	8白	129年	庚申年	5黃	2黑
110年	辛丑年	6白	5黃	130年	辛酉年	4綠	8白
111年	壬寅年	5黃	2黑	131年	壬戌年	3碧	5黃
112年	癸卯年	4綠	8白	132年	癸亥年	2黑	2黑

第五節　日紫白飛星之排法

三元日紫白歌訣曰：「冬至陽生一七四，挨推是順佈九宮，夏至陰生九三六，挨推逆佈便相通，雨水節前都是七，清明節氣七星充，四位卻在芒種節，立秋端在九紫中，寒露原從三位起，六宮大雪甲子同。」

日紫白飛星歌訣曰：「冬至一白雨水赤，穀雨原從四綠起，夏至九紫處暑碧，霜降先從六白遊，陽順陰逆君須明，但求六甲永無休，若逢紫白方為吉，活法須當仔細搜。」

日飛星詩曰：「日家紫白不難求，二十四氣六宮週，冬至陽生前後節，順行甲子一宮移，雨水便從七宮起，穀雨還從四綠推，陰生夏至九宮逆，處暑前後三碧是，霜降六宮起甲子，順逆分明十二支，有是何星當值日，移入中宮順逆飛。」

日飛星是由離冬至前後最近的甲子日，起一白順行，如甲子日起一白、乙丑日起二黑、丙寅日起三碧、丁卯日起四綠、戊辰日起五黃，依此類推，至雨水前後甲子日，則為「七赤」；穀雨前後甲子日為「四綠」，由於夏至一陰生，故夏至前後最近的甲子日起「九紫」逆行，如甲子日起九紫、乙丑日起八白、丙寅日起七赤、丁卯日起六白、戊辰日起五黃，依此類推，至處暑前後甲子日為「三碧」；霜降前後甲子日為六白。

日九星挨排法

日飛星飛泊法需要考慮節氣，如口訣所述以節氣為基準，分順逆何星當值，移入中宮飛泊，或是直接參考萬年曆，通書，農民曆，何星入中宮飛泊均詳載於其內。

二十四節氣表

季節	月份	月建	四孟	俗名	節	氣	國曆（節）	國曆（氣）
春	一	寅	孟春	端	立春	雨水	2月4-5日	2月19-20日
	二	卯	仲春	花	驚蟄	春分	3月5-6日	3月20-21日
	三	辰	季春	桐	清明	穀雨	4月4-5日	4月20-21日
夏	四	巳	孟夏	梅	立夏	小滿	5月5-6日	5月20-21日
	五	午	仲夏	蒲	芒種	夏至	6月5-6日	6月21-22日
	六	未	季夏	荔	小暑	大暑	7月7-8日	7月22-23日
秋	七	申	孟秋	瓜	立秋	處暑	8月7-8日	8月23-24日
	八	酉	仲秋	桂	白露	秋分	9月7-8日	9月22-23日
	九	戌	季秋	菊	寒露	霜降	10月8-9日	10月23-24日
冬	十	亥	孟冬	陽	立冬	小雪	11月7-8日	11月22-23日
	十一	子	仲冬	葭	大雪	冬至	12月7-8日	12月22-23日
	十二	丑	季冬	臘	小寒	大寒	1月5-6日	1月20-21日

一、冬至後（「冬至」固定在每年的國曆12月22日或12月23日）：逢「甲子日」，一白入「中宮」順佈，翌日乙丑日，二黑入「中宮」順佈，依此類推。

二，雨水後（「雨水」固定在每年的國曆2月19日或2月20日）：逢「甲子日」，七赤入「中宮」順佈，翌日乙丑日，八白入「中宮」順佈，依此類推。

三，穀雨後（「穀雨」固定在每年的國曆4月20日或4月21日）：逢「甲子日」，四綠入「中宮」順佈，翌日乙丑日，五黃入「中宮」順佈，依此類推。

四，夏至後（「夏至」固定在每年的國曆6月21日或6月22日）：逢「甲子日」，九紫入「中宮」逆佈，翌日乙丑日，八白入「中宮」逆佈，依此類推。

五，處暑後（「處暑」固定在每年的國曆8月23日或8月24日）：逢「甲子日」，三碧入「中宮」逆佈，翌日乙丑日，二黑入「中宮」逆佈，依此類推。

六，霜降後（「霜降」固定在每年的國曆10月23日或10月24日）：逢「甲子日」，六白入「中宮」逆佈，翌日乙丑日，五黃入「中宮」逆佈，依此類推。

例如：「穀雨後，夏至前，逢甲子日，四綠入中宮順佈，」何星入「中宮」如下表所示：

甲子4	乙丑5	丙寅6	丁卯7	戊辰8	己巳9	庚午1	辛未2	壬申3	癸酉4
甲戌5	乙亥6	丙子8	丁丑8	戊寅9	己卯1	庚辰2	辛巳3	壬午4	癸未5
甲申6	乙酉7	丙戌8	丁亥9	戊子1	己丑2	庚寅3	辛卯4	壬辰5	癸巳6
甲午7	乙未8	丙申9	丁酉1	戊戌2	己亥3	庚子4	**辛丑5**	壬寅	癸卯
甲辰	乙巳	丙午	丁未	戊申	己酉	庚戌	辛亥	壬子	癸丑
甲寅	乙卯	丙辰	丁巳	戊午	己未	庚申	辛酉	壬戌	癸亥

第六節　坎宅紫白飛星之排法範例

宅第紫白與年，月紫白飛星會合於某一宮位，則會產生特定的意義，古人歌訣曰：

「四一同宮準發科名之顯。」

釋曰：一白為官星，四綠為文昌，故能發貴，若為雙一白，雙四綠，為「還宮復位」亦佳。

「九七穿途常逢回祿之災。」

釋曰：九紫為後天火星，七赤為先天火數，故曰火災。

「二五交加損主亦且重病。」

釋曰：二黑為病符星，五黃為沖關星，故主病死，若為雙二黑，雙五黃亦同論。

「三七疊臨劫盜更見官災。」

釋曰：三碧為蚩尤星，七赤為破軍星，主盜訟。

僅以列表供讀者更加認識紫白飛星的奧秘，以及對宅第的影響和解決之道：

坎宅及民國一〇三年（甲午年）紫白飛星圖

星德五術文化會館，吉謙坊命理開運中心提供

東北	東	東南
北		南
西北	西	西南

一月

4宅 2月 7年	8宅 6月 2年	9宅 7月 3年
6宅 4月 9年	1宅 8月 4年	5宅 3月 8年
2宅 9月 5年	3宅 1月 6年	7宅 5月 1年

二月

4宅 1月 7年	8宅 5月 2年	9宅 6月 3年
6宅 3月 9年	1宅 7月 4年	5宅 2月 8年
2宅 8月 5年	3宅 9月 6年	7宅 4月 1年

三月

4宅 9月 7年	8宅 4月 2年	9宅 5月 3年
6宅 2月 9年	1宅 6月 4年	5宅 1月 8年
2宅 7月 5年	3宅 8月 6年	7宅 3月 1年

四月

4宅 8月 7年	8宅 3月 2年	9宅 4月 3年
6宅 1月 9年	1宅 5月 4年	5宅 9月 8年
2宅 6月 5年	3宅 7月 6年	7宅 2月 1年

五月

4宅 7月 7年	8宅 2月 2年	9宅 3月 3年
6宅 9月 9年	1宅 4月 4年	5宅 8月 8年
2宅 5月 5年	3宅 6月 6年	7宅 1月 1年

六月

4宅 6月 7年	8宅 1月 2年	9宅 2月 3年
6宅 8月 3年	1宅 3月 4年	5宅 7月 8年
2宅 4月 5年	3宅 5月 6年	7宅 9月 1年

七月

4宅 5月 7年	8宅 9月 2年	9宅 1月 3年
6宅 7月 9年	1宅 2月 4年	5宅 6月 8年
2宅 3月 5年	3宅 4月 6年	7宅 8月 1年

八月

4宅 4月 7年	8宅 8月 2年	9宅 9月 3年
6宅 6月 9年	1宅 1月 4年	5宅 5月 8年
2宅 2月 5年	3宅 3月 6年	7宅 7月 1年

九月

4宅 3月 7年	8宅 7月 2年	9宅 8月 3年
6宅 5月 9年	1宅 9月 4年	5宅 4月 8年
2宅 1月 5年	3宅 2月 6年	7宅 6月 1年

十月

4宅 2月 7年	8宅 6月 2年	9宅 7月 3年
6宅 4月 9年	1宅 8月 4年	5宅 3月 8年
2宅 9月 5年	3宅 1月 6年	7宅 5月 1年

十一月

4宅 1月 7年	8宅 5月 2年	9宅 6月 3年
6宅 3月 9年	1宅 7月 4年	5宅 2月 8年
2宅 8月 5年	3宅 9月 6年	7宅 4月 1年

十二月

4宅 9月 7年	8宅 4月 2年	9宅 5月 3年
6宅 2月 9年	1宅 6月 4年	5宅 1月 8年
2宅 7月 5年	3宅 8月 6年	7宅 3月 1年

西元2014 103年五黃在西北方；二黑在東方（五黃二黑處宜靜不動）。

紫白九星特性：

一白貪狼（水）：文曲星─主官貴─為吉星
二黑巨門（土）：病符星─主病痛─為凶星
三碧祿存（木）：蚩尤星─主口舌官刑─為凶星
四綠文曲（木）：文昌星─主科甲富貴─為吉星
五黃廉貞（土）：正關煞─主傷亡病耗─為凶星
六白武曲（金）：武曲星─主武貴進財─為吉星
七赤破軍（金）：破軍星─主官訟肅殺─為凶星
八白左輔（土）：財帛星─主功名進財─為吉星
九紫右弼（火）：右弼星─主驅煞催貴，又掌火劫敗財─為半吉半凶星，

附：值年九星如吉方遇吉星則佳，吉方遇凶星則不吉；凶星遇吉星可解災，凶方遇凶星則禍難逃；若凶星重疊則大凶，此時宜靜不宜動

紫白飛星會合的影響：

四一同宮─準發科名之顯─故能發貴
九七穿途─常逢回祿之災─故主火災
二五交加─損主亦且重病─故主病死
三七疊臨─劫盜更見官災─故主盜訟
二三鬥牛煞─官訟是非，破財，犯小人

五黃二黑避凶之道：

1、五黃二黑處置粗鹽一碗及醋一瓶（瓶蓋打開）
2、置綠盆（如黃金葛）
3、可置金屬類東西（如銅鈴），（開光小羅盤）
4、年初可抽（捐）血至少50~70cc
5、注重個人修為

坎宅及民國一〇四年（乙未年）紫白飛星圖

星德五術文化會館，吉謙坊命理開運中心提供

東北	東	東南
北		南
西北	西	西南

一月

4宅 8月 6年	8宅 3月 1年	9宅 4月 2年
6宅 1月 8年	1宅 5月 3年	5宅 9月 7年
2宅 6月 4年	3宅 7月 5年	7宅 2月 9年

二月

4宅 7月 6年	8宅 2月 1年	9宅 3月 2年
6宅 9月 8年	1宅 4月 3年	5宅 8月 7年
2宅 5月 4年	3宅 6月 5年	7宅 1月 9年

三月

4宅 6月 6年	8宅 1月 1年	9宅 2月 2年
6宅 8月 8年	1宅 3月 3年	5宅 7月 7年
2宅 4月 4年	3宅 5月 5年	7宅 9月 9年

四月

4宅 5月 6年	8宅 9月 1年	9宅 1月 2年
6宅 7月 8年	1宅 2月 3年	5宅 6月 7年
2宅 3月 4年	3宅 4月 5年	7宅 8月 9年

五月

4宅 4月 6年	8宅 8月 1年	9宅 9月 2年
6宅 6月 8年	1宅 1月 3年	5宅 5月 7年
2宅 2月 4年	3宅 3月 5年	7宅 7月 9年

六月

4宅 3月 6年	8宅 7月 1年	9宅 8月 2年
6宅 5月 8年	1宅 9月 3年	5宅 4月 7年
2宅 1月 4年	3宅 2月 5年	7宅 6月 9年

七月

4宅 2月 6年	8宅 6月 1年	9宅 7月 2年
6宅 4月 8年	1宅 8月 3年	5宅 3月 7年
2宅 9月 4年	3宅 1月 5年	7宅 5月 9年

八月

4宅 1月 6年	8宅 5月 1年	9宅 6月 2年
6宅 3月 8年	1宅 7月 3年	5宅 2月 7年
2宅 8月 4年	3宅 9月 5年	7宅 4月 9年

九月

4宅 9月 6年	8宅 4月 1年	9宅 5月 2年
6宅 2月 8年	1宅 6月 3年	5宅 1月 7年
2宅 7月 4年	3宅 8月 5年	7宅 3月 9年

十月

4宅 8月 6年	8宅 3月 1年	9宅 4月 2年
6宅 1月 8年	1宅 5月 3年	5宅 9月 7年
2宅 6月 4年	3宅 7月 5年	7宅 2月 9年

十一月

4宅 7月 6年	8宅 2月 1年	9宅 3月 2年
6宅 9月 8年	1宅 4月 3年	5宅 8月 7年
2宅 5月 4年	3宅 6月 5年	7宅 1月 9年

十二月

4宅 6月 6年	8宅 1月 1年	9宅 2月 2年
6宅 8月 8年	1宅 3月 3年	5宅 7月 7年
2宅 4月 4年	3宅 5月 5年	7宅 9月 9年

西元2015 104年五黃在西方；二黑在東南方（五黃二黑處宜靜不動）。

紫白九星特性：

一白貪狼（水）：文曲星—主官貴—為吉星
二黑巨門（土）：病符星—主病痛—為凶星
三碧祿存（木）：蚩尤星—主口舌官刑—為凶星
四綠文曲（木）：文昌星—主科甲富貴—為吉星
五黃廉貞（土）：正關煞—主傷亡病耗—為凶星
六白武曲（金）：武曲星—主武貴進財—為吉星
七赤破軍（金）：破軍星—主官訟肅殺—為凶星
八白左輔（土）：財帛星—主功名進財—為吉星
九紫右弼（火）：右弼星—主驅煞催貴，又掌火劫敗財—為半吉半凶星，

附：值年九星如吉方遇吉星則佳，吉方遇凶星則不吉；凶星遇吉星可解災，凶方遇凶星則禍難逃；若凶星重疊則大凶，此時宜靜不動

紫白飛星會合的影響：

四一同宮—準發科名之顯—故能發貴
九七穿途—常逢回祿之災—故主火災
二五交加—損主亦且重病—故主病死
三七疊臨—劫盜更見官災—故主盜訟
二三鬥牛煞—官訟是非，破財，犯小人

五黃二黑避凶之道：

1、五黃二黑處置粗鹽一碗及醋一瓶（瓶蓋打開）
2、置綠盆（如黃金葛）
3、可置金屬類東西（如銅鈴），（開光小羅盤）
4、年初可抽（捐）血至少50~70cc
5、注重個人修為

坎宅及民國一〇五年（丙申年）紫白飛星圖

星德五術文化會館，吉謙坊命理開運中心提供

東北	東	東南
北		南
西北	西	西南

一月

4宅 5月 5年	8宅 9月 9年	9宅 1月 1年
6宅 7月 7年	1宅 2月 2年	5宅 6月 6年
2宅 3月 3年	3宅 4月 4年	7宅 8月 8年

二月

4宅 4月 5年	8宅 8月 9年	9宅 9月 1年
6宅 6月 7年	1宅 1月 2年	5宅 5月 6年
2宅 2月 3年	3宅 3月 4年	7宅 7月 8年

三月

4宅 3月 5年	8宅 7月 9年	9宅 8月 1年
6宅 5月 7年	1宅 9月 2年	5宅 4月 6年
2宅 1月 3年	3宅 2月 4年	7宅 6月 8年

四月

4宅 2月 5年	8宅 6月 9年	9宅 7月 1年
6宅 4月 7年	1宅 8月 2年	5宅 3月 6年
2宅 9月 3年	3宅 1月 4年	7宅 5月 8年

五月

4宅 1月 5年	8宅 5月 9年	9宅 6月 1年
6宅 3月 7年	1宅 7月 2年	5宅 2月 6年
2宅 8月 3年	3宅 9月 4年	7宅 4月 8年

六月

4宅 9月 5年	8宅 4月 9年	9宅 5月 1年
6宅 2月 7年	1宅 6月 2年	5宅 1月 6年
2宅 7月 3年	3宅 8月 4年	7宅 3月 8年

七月

4宅 8月 5年	8宅 3月 9年	9宅 4月 1年
6宅 1月 7年	1宅 5月 2年	5宅 9月 6年
2宅 6月 3年	3宅 7月 4年	7宅 2月 8年

八月

4宅 7月 5年	8宅 2月 9年	9宅 3月 1年
6宅 9月 7年	1宅 4月 2年	5宅 8月 6年
2宅 5月 3年	3宅 6月 4年	7宅 1月 8年

九月

4宅 6月 5年	8宅 1月 9年	9宅 2月 1年
6宅 8月 7年	1宅 3月 2年	5宅 7月 6年
2宅 4月 3年	3宅 5月 4年	7宅 9月 8年

十月	4宅 5月 5年	8宅 9月 9年	9宅 1月 1年
	6宅 7月 7年	1宅 2月 2年	5宅 6月 6年
	2宅 3月 3年	3宅 4月 4年	7宅 8月 8年
十一月	4宅 4月 5年	8宅 8月 9年	9宅 9月 1年
	6宅 6月 7年	1宅 1月 2年	5宅 5月 6年
	2宅 2月 3年	3宅 3月 4年	7宅 7月 8年
十二月	4宅 3月 5年	8宅 7月 9年	9宅 8月 1年
	6宅 5月 7年	1宅 9月 2年	5宅 4月 6年
	2宅 1月 3年	3宅 2月 4年	7宅 6月 8年

西元2016 105年五黃在東北方；二黑在中宮（五黃二黑處宜靜不動）。

紫白九星特性：

一白貪狼（水）：文曲星—主官貴—為吉星
二黑巨門（土）：病符星—主病痛—為凶星
三碧祿存（木）：蚩尤星—主口舌官刑—為凶星
四綠文曲（木）：文昌星—主科甲富貴—為吉星
五黃廉貞（土）：正關煞—主傷亡病耗—為凶星
六白武曲（金）：武曲星—主武貴進財—為吉星
七赤破軍（金）：破軍星—主官訟肅殺—為凶星
八白左輔（土）：財帛星—主功名進財—為吉星
九紫右弼（火）：右弼星—主驅煞催貴，又掌火劫敗財—為半吉半凶星，

附：值年九星如吉方遇吉星則佳，吉方遇凶星則不吉；凶星遇吉星可解災，凶方遇凶星則禍難逃；若凶星重疊則大凶，此時宜靜不宜動

紫白飛星會合的影響：

四一同宮—準發科名之顯—故能發貴
九七穿途—常逢回祿之災—故主火災
二五交加—損主亦且重病—故主病死
三七疊臨—劫盜更見官災—故主盜訟
二三鬥牛煞—官訟是非，破財，犯小人

五黃二黑避凶之道：

1、五黃二黑處置粗鹽一碗及醋一瓶（瓶蓋打開）
2、置綠盆（如黃金葛）
3、可置金屬類東西（如銅鈴），（開光小羅盤）
4、年初可抽（捐）血至少50~70cc
5、注重個人修為

第七節　年命碰到流年九星的現象

在陽宅學派中，有一套理論叫做「三元玄空法」，它是利用天運九星與地運（地球自轉運行），計算出每一間陰，陽宅的各個吉凶方位，且因為流年不同，陰，陽宅的吉凶方位每一年也會有所變化，在此就提供較為容易理解的開運避凶方式，來探討未來這些年我們住的陽宅內，外有哪些地方值得改善的地方，讓我們未來這一年，能夠好運旺旺來。

我們的房子前後左右共分為八大方位，包括「東方」，「南方」，「西方」，「北方」，「東北方」，「東南方」，「西南方」，「西北方」，這是依照地球磁場（也就是利用指北針）測量出來的方位，換句話說，不管我們房子的座向如何，東方的位置永遠不變，其他七個方位的位置也是一樣。

紫白流年飛星求法：

要算出年紫白是何星入中宮，就需要用男命年命星的起法，一律由七兌逆數，惟若遇五黃，仍以五入中宮為用（不寄坤，艮兩宮）。

例一：西元2014年，民國一〇三年飛星盤（甲午年）。

2014-1911=103年，103=1+0+3=4，所以就從（男生）七兌逆數四格，得結果是四巽，再將4代入中宮飛泊。

固定的飛泊順序一定由中宮開始→西北方→西方→東北方→南方→北方→西南方→東方→東南方。

3東南 蚩尤星	8南方 財帛星	1西南 官祿星
2東方 病符星	4中宮 文昌星	6西方 武貴星
7東北 破軍星	9北方 右弼星	5西北 關煞星

一〇三年飛星盤

如果您是【一坎命】，流年飛星9是落到坎宮（北　方）—右弼星。

如果您是【二黑命】，流年飛星1是落到坤宮（西南方）—官祿星。

如果您是【三震命】，流年飛星2是落到震宮（東　方）—病符星。

如果您是【四巽命】，流年飛星3是落到巽卦（東南方）—蚩尤星。

如果您是【六乾命】，流年飛星5是落到乾卦（西北方）—關煞星。

如果您是【七兌命】，流年飛星6是落到兌卦（西　方）—武貴星。

如果您是【八艮命】，流年飛星7是落到艮卦（東北方）—破軍星。

如果您是【九離命】，流年飛星8是落到離卦（南　方）—財帛星。

例二：西元2015年，民國一〇四年飛星盤（乙未年），

2015-1911=104年，104=1+0+4=5，所以就從（男生）七兌逆數五格，得結果是三震，再將3代入中宮飛泊。

2東南 病符星	7南方 破軍星	9西南 右弼星
1東方 官祿星	3中宮 蚩尤星	5西方 關煞星
6東北 武貴星	8北方 財帛星	4西北 文昌星

一〇四年飛星盤

如果您是【一坎命】，流年飛星8是落到坎宮（北　方）—財帛星。

如果您是【二黑命】，流年飛星9是落到坤宮（西南方）—右弼星。

如果您是【三震命】，流年飛星1是落到震宮（東　方）—官祿星。

如果您是【四巽命】，流年飛星2是落到巽卦（東南方）—病符星。

如果您是【六乾命】，流年飛星4是落到乾卦（西北方）—文昌星。
如果您是【七兌命】，流年飛星5是落到兌卦（西　方）—關煞星。
如果您是【八艮命】，流年飛星6是落到艮卦（東北方）—武貴星。
如果您是【九離命】，流年飛星7是落到離卦（南　方）—破軍星。

例三：西元2016年，民國一〇五年飛星盤（丙申年）。

2016-1911=105年，105=1+0+5=6，所以就從（男生）七兌逆數六格，得結果是二坤，再將2代入中宮飛泊。

1東南 官祿星	6南方 武貴星	8西南 財帛星
9東方 右弼星	2中宮 病符星	4西方 文昌星
5東北 關煞星	7北方 破軍星	3西北 蚩尤星

一〇五年飛星盤

如果您是【一坎命】，流年飛星7是落到坎宮（北 方）—破軍星。
如果您是【二黑命】，流年飛星8是落到坤宮（西南方）—財帛星。
如果您是【三震命】，流年飛星9是落到震宮（東 方）—右弼星。
如果您是【四巽命】，流年飛星1是落到巽卦（東南方）—官祿星。
如果您是【六乾命】，流年飛星3是落到乾卦（西北方）—蚩尤星。
如果您是【七兌命】，流年飛星4是落到兌卦（西 方）—文昌星。
如果您是【八艮命】，流年飛星5是落到艮卦（東北方）—關煞星。
如果您是【九離命】，流年飛星6是落到離卦（南 方）—武貴星。

請以您當年的命卦看看落入何宮，會發生哪些事情，好事恭喜您，壞事請提前預防，尋求避煞方法。

◎**「蚩尤星」入主：**主爭鬥、是非、破財、心亂，此方位不宜坐人，建議可擺放「如意琉璃」化解蚩尤煞氣，祈求富貴平安，一切順利如意。

◎**「右弼星」入位：**主喜慶、桃花，對於想增加桃花運或想結婚的人，可以在此處，擺放「翠玉白菜」增加人緣桃花，通常都會有意想不到的效果。

◎**「破軍星」飛臨：**主小人、是非、官訟，此方不宜擺放尖銳物，宜安置「36枚古銅錢」，利用銅幣上清朝盛世「順治」、「康熙」、「雍正」、「乾隆」、「嘉

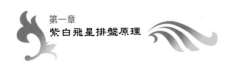

慶」、「道光」六位皇帝的旺氣，制化破軍煞氣，以保平安。

◎「官祿星」飛臨：主科名、升官，對於已經在公家機關任職或是私人機關工作，而想升官發財的人，具有催旺的功能，建議可在當年的方位，擺放「馬到成功」雕像，來求官求貴，馬頭須向外，意味出外發展得意。

◎「財帛星」入主：主進財、添丁、有好人緣，對於想增加財運或求貴人的人，可以在當旺方，擺放「元寶」一只，來增旺財氣與貴人運。

◎「文昌星」降臨：文昌主考試、功名、官職，對於即將求學應考之人，或是想考官職的人，具有催動的力量，建議可以擺放「文昌筆」或「文昌塔」，來增加考運。

◎「病符星」降臨：主退財、病耗、不安，此方位氣場極度不穩，建議宜擺放「葫蘆」加「銅鈴」，因為葫蘆古時候經常被用來裝藥丹，而銅鈴聲可驅邪，用來化煞鎮煞，當可保身體平安，事事如意。

◎「武貴星」來臨：主財利、武貴，建議在此處，擺放「聚寶盆」來聚財守財。

◎「關煞星」降臨：此方位大凶，主意外、血光、開刀、是非、官訟，不可在此方位動土，修造或擺放高尖之物，建議宜安置「大羅盤」化煞鎮煞，因為羅盤上面刻有先、後天八卦、十天干、十二地支、二十八星宿，古時候即被眾多風水術數名師，視為開運制煞物品，用羅盤來鎮關煞凶星，可以祈求平安順遂。

以上每年的吉凶方位，建議可依照個人需要，安置吉祥物或化煞鎮煞開運物品，一定會有意想不到的效果，進而達到趨吉避凶的目的。

另外，屋子的「前門」通常被視為「納財」、「招財」的位置，想要家中財運順利，引來財源滾滾，可在前門入口處，安放一組「引財龍銀」，利用龍銀來吸納，催化更多的財氣。

屋子的「後門」是守財方，要是開門不當，就會容易漏財，要防止屋中財氣外漏，可以在後門出口處，安放一組「北斗七星防漏龍銀」，從後門將錢財堵住，因為北斗七星連成一線，像是一只「杓子」，而把龍銀排成北斗七星狀，就是希望用「杓子」來網住即將漏出去的財物。

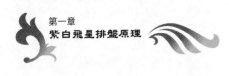

第二章 紫白飛星屋宅吉凶方位詳述

當我們瞭解了整個紫白飛星排盤及各宮位的分佈情況，接下來就是要套用到各種座向房子的氣場，以「中宮」為我，對照各宮五行的生剋關係，生我為生氣方、同我為旺氣方、我生為洩氣方、我剋為死氣方、剋我為煞氣方。

九星飛入八卦宮位，彼此的五行必然產生生剋關係，九星中一白、六白、八白、九紫為吉星，但是若與「中宮為我」的生剋關係，不是屬於生我（生氣方）、同我（旺氣方），則吉也不吉；反之二黑、三碧、五黃、七赤為凶星，但是若與「中宮為我」的生剋關係，形成生我（生氣方）、同我（旺氣方），則凶也不凶。

紫白飛星的飛泊，也就是「奇門遁甲」之法，其方位之飛泊順序，以中宮為我開始，依照後天八卦洛書為序：中宮→乾→兌→艮→離→坎→坤→震→巽→再返回中宮。

第一節 如果房子是屬【坎宅】氣場分佈情況

東南	南	西南
9死 火	5沖關 土	7生 金
8煞 土	1 水	3洩 木
4洩 木	6生 金	2煞 土
東北	北	西北

在房子的東方位置屬8艮土的氣——【也是屬於房子的煞氣方】

在房子的西方位置屬3震木的氣——【也是屬於房子的洩氣方】

在房子的南方位置屬5黃土的氣——【也是屬於房子的沖關方】

在房子的北方位置屬6乾金的氣——【也是屬於房子的生氣方】

在房子的東北位置屬4巽木的氣——【也是屬於房子的洩氣方】

在房子的東南位置屬9離火的氣——【也是屬於房子的死氣方】

在房子的西北位置屬2黑土的氣——【也是屬於房子的煞氣方】

在房子的西南位置屬7兌金的氣——【也是屬於房子的生氣方】

第二節　如果房子是屬【坤宅】氣場分佈情況

東南	南	西南
1死 水	6洩 金	8旺 土
9生 火	2 土	4煞 木
5沖關 土	7洩 金	3煞 木
東北	北	西北

在房子的東方位置屬9離火的氣—【也是屬於房子的生氣方】
在房子的西方位置屬4巽木的氣—【也是屬於房子的煞氣方】
在房子的南方位置屬6乾金的氣—【也是屬於房子的洩氣方】
在房子的北方位置屬7兌金的氣—【也是屬於房子的洩氣方】
在房子的東北位置屬5黃土的氣—【也是屬於房子的沖關方】
在房子的東南位置屬1白水的氣—【也是屬於房子的死氣方】
在房子的西北位置屬3震木的氣—【也是屬於房子的煞氣方】
在房子的西南位置屬8艮土的氣—【也是屬於房子的旺氣方】

第三節　如果房子是屬【震宅】氣場分佈情況

東南	南	西南
2死 土	7煞 金	9洩 火
1生 水	3 木	5沖關 土
6煞 金	8死 土	4旺 木
東北	北	西北

在房子的東方位置屬1白水的氣—【也是屬於房子的生氣方】

在房子的西方位置屬5黃土的氣—【也是屬於房子的沖關方】

在房子的南方位置屬7兌金的氣—【也是屬於房子的煞氣方】

在房子的北方位置屬8艮土的氣—【也是屬於房子的死氣方】

在房子的東北位置屬6乾金的氣—【也是屬於房子的煞氣方】

在房子的東南位置屬2黑土的氣—【也是屬於房子的死氣方】

在房子的西北位置屬4巽木的氣—【也是屬於房子的旺氣方】

在房子的西南位置屬9離火的氣—【也是屬於房子的洩氣方】

第四節 如果房子是屬【巽宅】氣場分佈情況

東南	南	西南
3旺 木	8死 土	1生 水
2死 土	4 木	6煞 金
7煞 金	9洩 火	5沖關 土
東北	北	西北

在房子的東方位置屬2黑土的氣—【也是屬於房子的死氣方】

在房子的西方位置屬6乾金的氣—【也是屬於房子的煞氣方】

在房子的南方位置屬8艮土的氣—【也是屬於房子的死氣方】

在房子的北方位置屬9離火的氣—【也是屬於房子的洩氣方】

在房子的東北位置屬7兌金的氣—【也是屬於房子的煞氣方】

在房子的東南位置屬3震木的氣—【也是屬於房子的旺氣方】

在房子的西北位置屬5黃土的氣—【也是屬於房子的沖關方】

在房子的西南位置屬1白水的氣—【也是屬於房子的生氣方】

第五節 如果房子是屬【乾宅】氣場分佈情況

東南	南	西南
5沖關 土	1洩 水	3死 木
4死 木	6 金	8生 土
9煞 火	2生 土	7旺 金
東北	北	西北

在房子的東方位置屬4巽木的氣—【也是屬於房子的死氣方】

在房子的西方位置屬8艮土的氣—【也是屬於房子的生氣方】

在房子的南方位置屬1白水的氣—【也是屬於房子的洩氣方】

在房子的北方位置屬2黑土的氣—【也是屬於房子的生氣方】

在房子的東北位置屬9離火的氣—【也是屬於房子的煞氣方】

在房子的東南位置屬5黃土的氣—【也是屬於房子的沖關方】

在房子的西北位置屬7兌金的氣—【也是屬於房子的旺氣方】

在房子的西南位置屬3震木的氣—【也是屬於房子的死氣方】

第六節　如果房子是屬【兌宅】氣場分佈情況

東南	南	西南
6旺 金	2生 土	4死 木
5沖關 土	7 金	9煞 火
1洩 水	3死 木	8生 土
東北	北	西北

在房子的東方位置屬5黃土的氣—【也是屬於房子的沖關方】

在房子的西方位置屬9離火的氣—【也是屬於房子的煞氣方】

在房子的南方位置屬2黑土的氣—【也是屬於房子的生氣方】

在房子的北方位置屬3震木的氣—【也是屬於房子的死氣方】

在房子的東北位置屬1白水的氣—【也是屬於房子的洩氣方】

在房子的東南位置屬6乾金的氣—【也是屬於房子的旺氣方】

在房子的西北位置屬8艮土的氣—【也是屬於房子的生氣方】

在房子的西南位置屬4巽木的氣—【也是屬於房子的死氣方】

第七節　如果房子是屬【艮宅】氣場分佈情況

東南	南	西南
7洩 金	3洩 木	5沖關 土
6洩 金	8 土	1死 水
2旺 土	4煞 木	9生 火
東北	北	西北

在房子的東方位置屬6乾金的氣——【也是屬於房子的洩氣方】

在房子的西方位置屬1白水的氣——【也是屬於房子的死氣方】

在房子的南方位置屬3震木的氣——【也是屬於房子的煞氣方】

在房子的北方位置屬4巽木的氣——【也是屬於房子的煞氣方】

在房子的東北位置屬2黑土的氣——【也是屬於房子的旺氣方】

在房子的東南位置屬7兌金的氣——【也是屬於房子的洩氣方】

在房子的西北位置屬9離火的氣——【也是屬於房子的生氣方】

在房子的西南位置屬5黃土的氣——【也是屬於房子的沖關方】

第八節　如果房子是屬【離宅】氣場分佈情況

東南	南	西南
8洩 土	4生 木	6死 金
7死 金	9 火	2洩 土
3生 木	5沖關 土	1煞 水
東北	北	西北

在房子的東方位置屬7兌金的氣—【也是屬於房子的死氣方】
在房子的西方位置屬2黑土的氣—【也是屬於房子的洩氣方】
在房子的南方位置屬4巽木的氣—【也是屬於房子的生氣方】
在房子的北方位置屬5黃土的氣—【也是屬於房子的沖關方】
在房子的東北位置屬3震木的氣—【也是屬於房子的生氣方】
在房子的東南位置屬8艮土的氣—【也是屬於房子的洩氣方】
在房子的西北位置屬1白水的氣—【也是屬於房子的煞氣方】
在房子的西南位置屬6乾金的氣—【也是屬於房子的死氣方】

PS：當瞭解各方位的氣場之後，接著便能以宅內方位之生氣方，旺氣方，洩氣方，死氣方，煞氣方，沖關方，來判斷屋內佈局之吉凶。

生氣方：可安床，神位，門，臥房，商店大門，收銀機（主發人丁），

旺氣方：可安床，神位，商店大門，收銀機（主發財祿）。

洩氣方：可安廁所，電器，冰箱，重機器，儲藏室，客房，和室，閒間（主破敗，官訟）。
死氣方：同洩氣方論，但人丁不旺。
煞氣方：可放置床位。
沖關方：沖關五黃方可開門出煞，沖關之門不發凶，因人可以化煞為權（主鰥寡損丁）。

屋宅外之吉凶【先看看屋外的建築物及形體】，再來判斷吉凶：

(1)、屋外生氣，旺氣方，最宜高起，隆起，較高建物，一白，四綠方亦宜高，可放置六畜、井。

(2)、屋外死氣，煞氣，洩氣方，最宜低伏，但一白，四綠之方位逢之，且為失運之屋宅，亦主貧病。

第三章 紫白飛星屋宅方位感應及開運佈局法

當我們瞭解流年紫白飛星各宮的分佈情況，接下來就是要針對星曜飛泊的吉凶予以佈局，吉星飛臨之處我們要加以催旺，凶星降臨之所我們要加以制化。

第一節　紫白飛星人命配卦特質

紫白飛星人命配卦【一坎命，二坤命，三震命，四巽命，六乾命，七兌命，八艮命，九離命】，只要算出本身是屬於何種命卦，就可以論斷一個人的命格特質（算法請參考第一章第二節或第三節）。

一坎命：

1、為貪狼星，又名魁星，為政星，有天子之象，司權與禍福，化氣為桃花。

2、五行屬水，主智慧，思考能力，用之正，為博學，入聖；用之不正，為貪利，淪為盜寇。

男女手掌命卦法

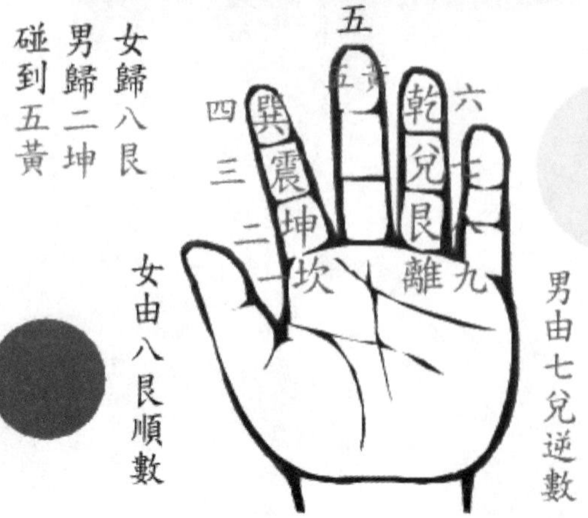

3、對任何事情都很細心，且伶俐精巧，會造就相當的財富。

4、很會為他人斡旋，襄助，奔走，甚能博得好人緣，為外交，交際之能手。

5、坎為中男，排行二，五，八，易發達於中年運，約三十四歲至四十二歲。

坎命人頭腦聰明，思維清晰，屬於智慧型的人，處理事情有條有理，有敏銳的觀察力與耐力，容易過於注重法規而顯得冷酷而不顧情面，凡事據理力爭，為達目的或目標不計方法或手段，所以很容易得罪人而不自知。

容易患得患失，衝動莽撞，一般而言，坎命人盡職，喜歡思考，得失心重，有依賴性，缺乏前瞻與權威，宜當幕僚，不宜獨當一面。

感情方面來說，無論男女對感情都很固執，但有耐心，不輕易放棄（有時候讓人覺得很纏人），當然那是追求的過程。

坎命人並非純情者，容易沉迷酒色享樂之中，不滿足固定的交往對象，雖然在婚姻上來說屬於表現出溫和負責的感覺，但是佔有慾強烈的心態，常會顯得過於苛求另一半，不善於也不喜歡表達內心感受又好猜疑，常使氣氛變的低迷不融洽。因為聰明，所以適合腦力激盪的工作，好奇心與研究心都是強烈的，宗教，學術研究，技藝，公關業務，經濟金融，甚至命相工作都可以有良好的表現與發展。

基本上來說，坎命人懂得善用自己的專長與手腕，所以很會賺錢搶錢，當然出手就不會節制，容易財來到手還沒熱就又轉出去，重要的是，切忌沉迷酒色之中。

二坤命：

1、為巨門星，掌法令，主是非，為坤卦，坤性柔順，孕生萬物。
2、外表溫和，親切，柔順，而內在卻含藏著頑固，任性之質。
3、有潔癖，行事周密，有條不紊，一旦執行之事，不會半途而廢，是勞力型的人。
4、此星命的人，自幼即有老年人的心態，也欲與年長的人交往，適宜接受有能力者的指揮，是秘書型的輔佐人物。
5、坤屬母，其發展期較晚，大多在四十五歲以後。

坤命人無論男女都屬於保守穩重的個性，天生有母性的特質，溫和柔順，親切又懂得包容他人，不過喜歡大小事情一手包辦，有挑剔的人格特質，決斷力稍嫌不足，也會嘮叨碎碎唸，這一點讓很多人相當頭痛與無奈。

天生韌性耐性充足的屬性，雖然做事不急不徐，卻可以一步一腳印的完成，這樣的人喜歡身體力行，堅信辛勤勞獲，務實而不喜愛空談，說起來難免欠缺該有的勇氣與熱情，依賴性也重，容易被人言語所蠱惑，好在此類人安於現狀，作風保守，沒有太大野心。

坤命人對感情的態度有保守理智與慎重的特質，對另一半的關懷，可以說是體貼入微，無微不至，雖然不善甜言蜜語，不夠羅曼蒂克，卻是用最大的溫暖與溫柔，用實際行動來表達自己的感情。

坤命人真誠不草率，雖然不浪漫，卻是忠誠的伴侶，對家庭婚姻都是十分重視的人，因為務實包容與保守，這樣的人頗適合需要耐心愛心的工作，也能夠任勞任怨，所以從事教育文化工作，宗教社會工作，行政工作都適合，雖然不是賺錢高手，但絕對是克勤克儉的人，當然也會因為穩扎穩打，觀望過頭而錯失良機。

三震命：

1、為祿存星，北斗第三星，主宰爵位，貴壽，有解厄制化之功。
2、於卦為震，表行動力，明朗，活躍，前進。
3、三震命出生之人，個性浮動急躁，易發脾氣，但平和也快。
4、有任性輕率的性格，言語正直，好惡分明，感情的起伏也大。
5、用之不當，則成好勇鬥狠之士，因此又名「蚩尤」星或「賊星」。
6、震為長男，三十歲以前就會在社會上展現其能力與才華。

震命人屬於陽剛又機動的性質，勇氣十足又樂觀的行動派，果敢獨立又帶幾分霸氣，好惡分明，起伏頗大，易冷易熱，但是個性正直，心地善良，這樣的人注重名譽，所以好面子，熱心又能鼓舞帶動其他的人，會為別人著想，口才也不差，不過難免自恃辯才無礙，而易與人引起口舌是非。

震命人並不太擅於表達自己內心的感情，讓人捉摸不定，也會好求表現，缺乏長期規劃的理性，智慧，又不易堅持到底，天真又樂觀的行動者，感情對震命人來說，絕對是積極熱情的，勇敢與勇往直前讓兩人世界充滿刺激與浪漫的氣氛，不過此命類型比較沒雅量，容易因小事而感情生變，感情一路走來總是急躁與衝動，常有因衝動而結婚，因了解而分離的情況。

但是說起來震命人的家庭婚姻是活潑熱情的，夫妻感情是可以經營的，若能理智有所克制，這樣的感情是美滿穩固的，但若是反目，也會快刀斬亂麻的解決，不容他人勸說，因為天性活潑積極進取，自信心強的特質，所以適合多變又忙碌的工作，如業務外交，公關旅遊，服務業，記者等類工作，賺錢很積極勤快，不過天性陽剛勇氣十足，理財方面當心有大起大落的現象。

四巽命：

1、為文曲星，為登科甲第之星，主文學，藝術，考試，其本質是信用，和諧，貞節。
2、四巽命出生之人，個性柔和，仁慈，說話有魅力，女人有嬌媚之態。
3、交際，親和力，外緣佳。
4、在錢財的運作方面較差。
5、命運的浮沉變化大，但失敗後也很快就能再爬起來。
6、情感婚姻方面應小心應對，否則容易有情感上的糾葛。
7、是屬於早年運期的人，易有外出，旅行，飄泊等活動。

巽命人有良好人際關係的屬性，有協調能力，很會掌握人性互動，隨和又有良好的適應力，這樣的人內心柔和，有仁慈心，缺點是優柔寡斷，外表精明，實際迷糊的特質。

無論男女在此命人都屬於有夢想，有創造力的天份，文字表達能力佳，洞察力強，有領導慾望，這樣子的人雖然容易眼高手低，但是不可否認的具有全盤思考以及長遠規劃的能力，且此類型的人雖然懂得變通，卻又喜歡離群索居，給人孤僻的評語及感覺。

巽命人的感情，因為擅長人際關係的緣故，會追求完美的愛情，有時候不懂得拒絕別人，容易陷入剪不斷理還亂的情況，所以不是處理感情糾紛的聖手，容易陷入迷情而無法自拔，若無法理性冷靜面對，註定是感情的失敗者，嚴格說起來此命人對感情還算是穩重理性，又帶幾分火熱的。

巽命人很適合市場行銷工作，公共傳播事業，藝術創作等工作，雖然人際關係不錯，但在事業上常常只有三分鐘熱度，加上自己的自負，缺少恆心，感覺不對就收手，所以不如意時，一年可以換24個老闆，若肯辛勤耕耘加上自己本身的優點，周密的規劃，要開創一番事業並不是難事。

五黃命：

1、一般來說，男命會看二坤命卦，女命則看八艮命卦。五黃命的人在個性上志高剛毅膽子大，富有慈悲心，一生高潮迭起，行事喜歡貫徹自己的主張，容易造成別人的壓力。有著多重面向的人格特質，深具霸氣雄心，可以旺財富。

2、主好勝心強，所以能憑藉自己的努力來開拓人生。五黃命的人遇到困難時不容易感到挫折，所以能扭轉劣勢、獲得成功，但這種人又容易因為不懂得傾聽別人的意見而導致失敗。

3、以五黃土為本命星的人，先天具備有領導眾人的氣質。

4、個性堅忍不拔，刻苦耐勞，是大器晚成的人。

5、對事物的看法很實際，沒什麼想像力，是一個實踐家，而非夢想家。
6、逢此命星的人，凡事不要太固執己見，心胸放寬，不必為小事費周章，自然會受人敬重。
7、五黃命人做事很有大格局，常覺得要做就做大的，否則乾脆寧可不要做，愛氣派與尊榮的一面。且五黃命人也很會帶動團體氣氛，不管男性女性皆喜歡以老大哥、老大姐自居，熱誠待人、勇於提攜後輩保護弱者，可說是命卦中的一哥一姐。
8、他們很喜歡做社會公益，因為對他們而言，賺得財富只是一個過程，他們真正想要追求的還是榮譽。

六乾命：

1、為武曲星，為先天之元氣，即無形之能量，生機也。
2、主司財帛，福祿，亦為官星。
3、凡此命星之人，品格高尚，溫雅斯文，排斥下賤的工作，常被視為驕傲。
4、較不服從他人領導，因此易與長官起對立，但是很照顧部下。
5、若能從事文藝，教育，宗教等事業發展，則容易展現其聲望。
6、乾為父，其運勢之發展，屬晚年運的人。

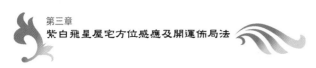

乾命人具有剛健不阿的特性，相貌或氣質不凡的特質，易高傲不可一世，正直而有實力，不喜也不善奉承，更不善交際與高談闊論。

乾命人通常極端聰明，有先見之明，獨立自主性強，不喜依賴，喜歡自己思考，當機立斷，具有強大的爆發力與生命力，天生富有領袖的特質。

當然每個命卦都沒有完美的個性，乾命人不好溝通，爭強好面子，難免好大喜功，雖有足智多謀的特點，卻攻於心計，注重別人對自己的評斷，性急又易發脾氣，因為有重權威的特性，婚姻生活來說無論男女都是大男人或大女人的類型，但是不可否認的，乾命人天生就對於異性有自然吸引的魅力，懂得用耐心與技巧贏得另一半歡心，乾命人過於重視物質生活，所以精神生活品質通常不會太好，是需要改進的地方。

乾命人適合獨立性與技術性類型的工作，金融業也可以有不錯的發展，因為此命人不空想，觀察，判斷，實踐力都很強，不會做無實質意義的事情，不易與人長期相處是其缺點，所以人際關係不太好，乾命人是勤勞積極的，能夠腳踏實地努力不懈，不過奇怪的是這類型的人大器晚成的機率頗高，故凡事要看開，莫強求。

七兌命：

1、為破軍星，兌卦屬金，有變化，改革，銳利，鬥爭，口舌是非之象。

2、主歡悅，色情娛樂，誘惑或恩澤，德澤之情。

3、值此命星之人，言詞多，能說善辯，處理事物敏捷，但也善變。

4、追求虛榮，華而不實，常因多情，而影響夫妻關係。

兌命人具有天真浪漫的特質，讓人不由得產生好感，加上這樣的人能言善辯，交際好，所以表達能力很強，可以輕易說服別人，兌命人是完美理想主義者，天生伶俐與魅力讓他深受朋友喜愛，也易受長輩上司提拔照顧，要說缺點的話，生性浪漫是兌命人無可救藥的天性，所以喜歡追求夢想，有虛榮心，尤其對愛情有很大的憧憬，過度的追求虛榮容易得意忘形。

兌命人忌妒心也是很強烈的，雖然很會讀書，但是急功好利，會用高姿態來掩飾內心的柔弱，無可救藥的天性讓兌命人對愛情有很大的憧憬，很容易獲得異性好感，不過此命人常有用情不專的詬病。

兌命人是吃喝玩樂的高手，喜歡周旋在異性之間卻不輕易付出感情來束縛自己，令人訝異的是，此命人在婚後反倒會注重家庭而收斂自己。

兌命人很適合人際關係要求高的行業，像大眾娛樂，餐飲，服務業，演藝事業等等，因為兌命人反應靈敏口才佳，工作態度認真又善於表達表現自己，絕佳的人緣與說服力，無論薪水階級或自行創業都有一番發展，不過要注意的是，合夥工作並不太適合此命人，因為兌命人心軟，容易聽信他人，理財又不擅長，合夥投資就容易吃虧。

八艮命：

1、為左輔星，艮卦有停止，安靜，限制，保守，退守，儲藏，等待之意涵。

2、艮為少男，亦主蒙昧，幼稚，乏人世歷練，然而有蓬勃朝氣。

3、值此命星之人，外柔內剛，待人溫和，性情穩重，做事有始有終。

4、行事過於謹慎小心，且又固執己見，常會失去好機會。

艮命人是屬於多才多藝又帶點內斂特質的人，這樣的人外表給人平和的感覺，其實是外柔內剛，堅持自己信念的，結果是反抗性強，艮命人喜歡團體生活，不甘寂寞，所以會好表現，在團體中永遠是出風頭的一員，對人也有超然的看法，喜當人師不吝指導他人，明辨是非觸感敏銳，不過為了追求目標理想會不顧一切。

艮命人有浮躁衝動閒不下來的特質，所以難免思慮不夠周密，艮命人對感情是既期待又怕受傷害的，不善於表達愛意，不會經營浪漫，只會讓感情規律穩定，所以算起來是相當保守與內向的。

艮命人並非不解風情，內斂的天性讓他默默耕耘，一旦內心的熱情被激發出來，往往是一發不可收拾的，所以與此命人談戀愛，若可以適度引導，會有想像不到的意外收穫。

對於事業經常穩扎穩打的艮命人來說 他們是儲蓄理財的高手，凡事總是謀定而後動，計畫周密而甚少出錯，是深具耐心的勤勞工作者，對於廠務，生產管理，總務會計，品管，有特殊的專才，在這些階層上來說也具有領導能力，所以是適合當幹部，廠長等職務，雖然非賺錢高手，也有強烈的賺錢慾望，但是想歸想，還是選擇擅長的儲蓄理財，不敢貿然投資，一生對財富的風險不大。

九離命：

1、為右弼星，離卦屬火，主光明，美麗，向外表現，文明。
2、其性外剛內柔，外實內虛，值此命星之人，好修外表，聰明活潑，感覺敏銳，善於應對進退，巴結，討好人心。
3、處事態度稍嫌草率，情緒不穩定，心思外放，晚年易過孤獨寂寞的日子。
4、自己明巧能幹，對屬下較不知體恤，因此少有親近知己的朋友。
5、離為中女，運勢的發展期在中年。

離命人是天生熱情奔放充滿溫暖特質的屬性，行動迅速敏捷，追求完美，充滿生命力，

很有上進心 但是求好心切的情況之下，難免急功好利，急躁不耐煩，他們通常剛正不屈直來直往，易咄咄逼人，自尊心強烈卻又韌性不足，無法承受失敗。

離命人絕對是出類拔萃的，追求美好的事物，對藝術有相當的天份，懂得察言觀色，有小聰明，為人光明磊落，不喜歡拖泥帶水或優柔寡斷，是有智慧有領導風格的，若是能好好加以引導，可以有好的發展與成就。

離命人絕對是感情熱情豐富的情場好手，善於利用技巧營造氣氛，小聰明的特性展露無遺，很注重也很懂得經營感情，或婚姻的品質與情趣，花費不貲在所不惜，不過也因為急躁衝動會喜新厭舊翻臉無情，女性會較安於家庭生活，男性則喜歡往外發展，建議若與此命男性交往 記得緊緊控制他的荷包，會讓他安分許多。

在事業上來說，離命人絕對是積極又敢挑戰的急先鋒，熱情如火的天性讓他們全心投入，對於教育，法律，軍警，醫療，新聞事業，設計美容，藝術方面都可以有相當發展，不過離命人經不起挫敗，志得意滿時又容易自傲不尊重他人，不小心會眾叛親離，懂得運用智慧搶錢，花錢卻不會節制，所以離命人雖然給人多金的感覺，卻少有大富翁，必須警惕的是此命人容易花天酒地，經不起激將法的攻擊，若能懂得謙遜與進退，則前途無可限量。

第二節　流年九星開運化煞佈局法

以西元2014（民國103）年，流年九星飛泊九宮方位感應圖來分析：2014-1911=103年，103=1+0+3=4，所以就從（男生）七兌逆數四格，得結果是四巽，再將4代入中宮飛泊。飛泊順序由中宮開始→西北方→西方→東北方→南方→北方→西南方→東方→東南方，如圖檔所示。

九星飛臨屋宅感應特性及屋宅方位開運化煞佈局法：

1、在【一白的方位上】

感應特性：屬於一白貪狼星，文曲星，主官祿（有升官發財的機會），為吉星，居此方位必得其祿，庶人遇之定進財喜，為魁星，主文學藝術，聰明靈秀，少年科甲，主聲名顯達，名播四海，紫白訣云：「一白為官星之應，主宰文章。」

開運化煞：一白屬於官祿方位，可擺設催官意象圖

	東南方	南方	西南方	
東方	3	8	1	西方
	2	4	6	
	7	9	5	
	東北方	北方	西北方	

或象形之吉祥物，如駿馬圖（馬頭必須向外），馬上封侯的雕像，鯉躍龍門圖，銅鹿（表示祿），銅馬（以一，六匹馬為宜，一表示一馬當先，六表示祿馬交馳），忌諱五匹馬，表示五馬分屍之意。

使用**【馬到成功圖騰雕像】**來開運效果最佳。

使用**【密教專用香（滿願香，福報香）】**來開運化煞效果最佳。

2、在【二黑的方位上】

感應特性：屬於二黑巨門星，病符為凶星，主破財，病痛，二黑土其色黑，主憂愁抑鬱，為剋煞時，主孕婦有流產之慮，或涉婦人而興訟，或因女子而招非，大抵此方不宜修動，犯者女人不利，患病必久。

開運化煞：此方位為凶星之方位，避免擺設尖銳之物，此處宜靜不宜動。

使用**【（葫蘆＋銅鈴）或羅盤】**來開運化煞效果最佳。

使用**【密教專用香（誅香，除障香）】**來開運化煞效果最佳。

3、在【三碧的方位上】

感應特性：屬於三碧祿存星，蚩尤為凶星，主口舌，是非，官刑，三碧木其色碧綠是為賊星，主官非盜劫，若遇剋煞則官災是非立見，殘病刑妻遭其凶，犯之者膿血之災，觸之者足疾大禍。

開運化煞：此方位為凶星之方位，避免擺設尖銳之物，此處宜靜不宜動。

使用【如意琉璃或羅盤】來開運化煞效果最佳。

使用【密教專用香（息香，順遂香）】來開運化煞效果最佳。

4、在【四綠的方位上】

感應特性：屬於四綠文曲星，文昌為吉星，主科甲，考運佳，富貴，四綠木其色青綠，當其旺主登科甲第，君子加官，小人進產，紫白訣云：「蓋四綠為文昌之神，職司祿位。」

開運化煞：四綠為文昌方位，可擺設文昌塔，文昌筆（共四支表示狀元，探花，榜眼，進士），文房四寶（筆，墨，硯，紙），文鎮，若屋宅內廁所是文昌位，可使用桃木蓮花八卦，五帝錢，布幔，黃金葛，粗鹽加以化解。

使用【文昌塔或文昌筆】來開運效果最佳。

使用【密教專用香（懷香，貴人香）】來開運化煞效果最佳。

5、在【五黃的方位上】

感應特性：屬於五黃廉貞星，正關煞為凶星，主傷亡，病耗，血光，五黃土位於中央，應廉貞之宿，其色黃，宜靜不宜動，動則發凶，宜化不宜剋，剋之則禍疊，戊己大煞，災害併至，會太歲，歲破，禍患頻仍。

開運化煞：此方位為凶星之方位，避免擺設尖銳之物，此處宜靜不宜動，**使用【大羅盤】來開運化煞效果最佳**（因為宜化不宜剋）。**使用【密教專用香（誅香，除障香）】來開運化煞效果最佳**。

6、在【六白的方位上】

感應特性：屬於六白武曲星，武曲為吉星，主武貴，進財，聚財，六白金其色白，性剛，當其旺，主登科甲第，威權震世，巨富多丁，君子加官，小人進產。

開運化煞：六白武貴進財，可擺設聚寶盆，流水局（水流往內），引財龍銀，三角蟾蜍，開運財神袋組等等招財吉祥物。**使用【招財貔貅＋聚寶盆】來開運招財效果最佳**。**使用【密教專用香（滿願香，福報香）】來開運化煞效果最佳**。

7、在【七赤的方位上】

感應特性：屬於七赤破軍星，破軍為凶星，主官非，訴訟，仇殺，七赤金其色赤紅，有小人之狀，為盜賊之精，若為剋煞，定主官非口舌。

開運化煞：此方位為凶星之方位，避免擺設尖銳之物，此處宜靜不宜動。

使用【36枚古銅錢或羅盤】來開運化煞效果最佳。

使用【密教專用香（誅香，除障香）】來開運化煞效果最佳。

8、在【八白的方位上】

感應特性：屬於八白左輔星，財帛為吉星，主功名進財，添丁旺子，催財，八白土其色杏白，值生旺則富貴功名，旺田宅發丁財，出忠臣孝子富貴壽考，八白主功名進財，添丁旺子，可擺設百子圖或送子觀音像（請勿開光），芙蓉（台語扶陽之意），蓮蕉（台語有男性器官之意），植物種在房子的室內，必須以紅絲帶圍住（轉陰為陽之意）。

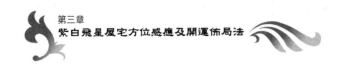

開運化煞：求財求貴人可擺設如意，麒麟，開運龍，貔貅，開運財神袋組，發財樹，開運竹，萬年青等等開運吉祥物品。

使用【招財貔貅＋聚寶盆】來開運招財效果最佳。

使用【密教專用香（增香，財神香）】來開運化煞效果最佳。

9、在【九紫的方位上】

感應特性：屬於九紫右弼星，右弼為吉凶參半星，主驅煞催貴，人緣桃花，又掌火劫敗財，九紫火其色紫紅，性最燥，吉者遇之立刻發福，凶者值之勃然大禍，故術數家稱為趕煞催貴之神，但火性剛不能容邪，宜吉不宜凶。

開運化煞：九紫為人緣桃花，可放置花瓶（必須是真花），水要保持清澈，不能讓其凋謝。

使用【翠玉白菜或如意琉璃】來開運招桃花效果最佳。

使用【密教專用香（息香，順遂香）】來開運化煞效果最佳。

第四章 紫白飛星雙星加會吉凶狀況

雙星加會所代表的意義，就是兩個飛星飛泊在同一宮位，因而產生碰撞，就會有某種結果，據此便能論斷星曜組合的吉凶禍福。

第一節　宅，年，月飛星加會感應特性吉凶

如下圖檔就是紫白飛星學派，以宅，年，月所排出來的三星組合圖，以坎宅103（甲午）年，六月為例，各宮任何兩個數字組合之後的吉凶釋義，就可以查閱以下解說，來了解其吉凶意涵。

一一同宮：

主吉慶，名利雙收，讀書考試順利，有功名，因一白坎水相會為同我比旺，主發文士，文職人員，旺財丁，一白到坎或雙一同宮，皆主旺丁財，尤其主發文名。

東南	南	西南
宅 月 年 9 2 3	宅 月 年 5 7 8	宅 月 年 7 9 1
宅 月 年 8 1 2	宅 月 年 1 3 4	宅 月 年 3 5 6
宅 月 年 4 6 7	宅 月 年 6 8 9	宅 月 年 2 4 5
東北	北	西北

一二同宮：

為土水相剋，主凶，不利男性，家人易患耳疾，消化系統及泌尿系統方面的疾病，男性有內臟之疾，女性有婦科之症，一坎中男受剋，主應女欺男，妻欺夫，為女性權力高漲，母子不和之象，星曜分佈，如一二，三四，四五為「連茹格」，主應大凶之兆，此處土剋水。

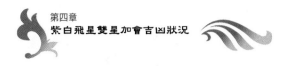

使用【銅鈴】屬金，開運化煞效果最好，達到通關之應。

一三同宮：

水木相生之吉象，主財旺丁秀，惟一白坎水逢三碧之木所洩，則一白吉象會稍減，一白坎中男與三碧震長男為同性之星，雖主有名氣，但官訟是非，盜竊，破財，遷移之應難免。

一四同宮：

得令必主發文貴，易有科名，金榜題名之喜，此方最適合當書房，放書桌，安床，定出聰明雅士之人，水生木之象，異性相生，陰陽調和，四一同宮準發科名之顯，四巽綠木主文昌，利於讀書考試，升職加薪，文職之人，失運時，則主桃花。

一五同宮：

土剋水之象，五黃為災病星，須防耳疾，婦女病，貧血，腎虛耳鳴，浮腫，中毒，胃出血，子宮之疾，一坎為中男，逢五黃凶星剋害太過，慎防次子有傷亡或病耗之危，此處土剋水。

使用【銅鈴】屬金，開運化煞效果最好，達到通關之應。

一六同宮：

金生水之象，一白，六白皆為吉星，主武貴進財，一，六為先天河圖共宗水，主吉祥如意，發科名與財祿，並主有壽，金水相生之吉象，亦主財貴，喜慶，成名，得利之事，星曜分佈，如一六，二七，三八，四九為「連珠格」，主應大吉之兆。

一七同宮：

金水多情，為金生水之象，目前八艮運當旺，七赤金洩於未來運一白水，則一白生氣當旺，若於七運中，則七赤旺氣便會受損，一七同宮，主發財祿，並主有壽，出外得利，亦主桃花，須防因酒色所引起的是非災厄，腎病，水腫，血症之疾。

一八同宮：

一白與八白同宮，雖然為土剋水之象，但在一運與八運期間，均主發文才雅士，為吉利之象，生旺富貴功名可期，剋煞則易損傷病耗，而八白為財帛星，主功名進財，添丁旺子，催財最吉方。

此處最適宜擺放【貔貅＋聚寶盆】招財聚財效果最好。

一九同宮：

星曜的生剋制化，必須詳察其變化，如一白水剋九紫火，若在九運為九紫生旺，一白會因剋受辱，反而因財惹禍；若在一運為一白生旺，一九又合十，且中男配中女，陰陽調合得宜，主應暴發突富，家庭幸福，惟終因水火不容，終有傷損，失運須防在喜慶中有變化，小產，皮膚病，心目之疾，神智不清，敗血之症。

二一同宮：

為土水相剋，主凶，不利男性，家人易患耳疾，消化系統及泌尿系統方面的疾病，男性有內臟之疾，女性有婦科之症，一坎中男受剋，主應女欺男，妻欺夫，為女性權力高漲，母子不和之象，此處土剋水。

使用【銅鈴】屬金，開運化煞效果最好，達到通關之應。

二二同宮：

二黑若為當令星，主發武貴，旺財丁，然而二黑為晦氣病符星，憂愁抑鬱寡歡在所難免，八運當旺，二黑巨門星重重相疊，對於宅母不利，婦女多災厄，易有婦科之疾，胃腸病，是非不斷，意外傷害，此方宜靜不宜動，犯之必定久病不癒。

使用【銅鈴】屬金，開運化煞效果最好，土旺宜洩不宜剋。

二三同宮：

三碧木剋二黑土，為犯「鬥牛煞」，相剋相鬥為剋煞，主官非訴訟，口角是非，孕婦有坐草之慮（小產之意），孀居矢柏舟之志（喪夫之意），主惹官刑，易生口角，鬥毆，爭訟之事，二黑坤土，四綠巽木，七赤兌金，九紫離火，均為陰星，陰星最不喜受剋，如二黑受剋，恐出寡婦；四綠受剋，不利長女；七赤受剋，易惹桃花；九離受剋，中女有災。

二四同宮：

四綠木剋二黑土，老母受長女所剋，婆媳必然不合，陰陽不調和，有不正桃花的現象，書云：「風行地而硬直難當，定有欺姑之婦。」若形成強木剋弱土，則易患消化系統，腦神經，氣管之疾，惟四綠木剋二黑土，其煞氣退減，二黑之病並非大凶。

二五同宮：

二黑五黃交加相臨，定主疾病死亡，二運尚可，過了二運，災厄立即呈現，而二五生旺，大利醫療，藥房，殯葬等業，易有頑疾纏身，脾胃病，孕婦受災，癌症，手術開刀，敗血等症，逢二黑，五黃，六白星齊到同一宮位，為天，地，人到齊，則易有陰靈，二黑雖為富星，逢旺運進財，但仍忌安床，設灶等事，土為五行之主，中為建築之基，如天子之尊，司萬物之命，切不可輕易侵犯，宜靜不宜動也。

使用【銅鈴】屬金，開運化煞效果最好，土旺宜洩不宜剋。

二六同宮：

二黑坤土，生六白乾金，老父配老母，陰陽調和，主財利豐厚，田宅致富，人丁旺盛，商場顧客多，即使處於退洩之運，亦不貧寒，惟有財多身弱之象，須慎防脾胃，肺病，頭痛，心神不寧之疾，該方亦忌安床，尤其體弱者愈弱，更須防重病臨身。

二七同宮：

二七齊臨，主應宅主淫亂，為不正之桃花，小心桃花劫而破財，星曜分佈，如一六，二七，三八，四九為「連珠格」，主應大吉之兆，但是二七為同道火，火更旺，若於七運，則為火剋七赤金，七星受制，應旺而不旺矣！舉凡五行相生，木火，水木，皆主發科名；金水，火土，土金，皆主發財利，故二七同宮，主可發財。

二八同宮：

二八同宮，八運當旺，必旺人丁，亦主發財得利，宜從事商場經營，茶樓，賣場等，二八同宮合十，老母配少男，主吉利，為宅母當權，二土比旺為吉象，得令主貴，財丁兩旺，此處有二黑用事，亦不宜動。

使用【銅鈴】屬金，開運效果最好，土旺宜洩不宜剋。

二九同宮：

九紫火生二黑土，二九同宮，主應財源綿延不絕，但若是二黑失元，則主出尼姑，九紫為當令星，主財丁兩旺，發科甲文才，九到離宮或雙九同宮尤應，尤其九紫入震宮，最旺男丁，為最佳「催生」之所，但是須防桃花處處，婦女易有心血管方面的疾病，九紫後天為火，逢五黃，七赤加會，主火災，此處不宜當臥房，慎防消化系統疾病，血症，眼病等。

三一同宮：

水木相生之吉象，主財旺丁秀，惟一白坎水逢三碧之木所洩，則一白吉象會稍減，一白坎中男與三碧震長男為同性之星，雖主有名氣，但官訟是非，盜竊，破財，遷移之應難免。

三二同宮：

三碧木剋二黑土，為犯「鬥牛煞」，相剋相鬥為剋煞，主官非訴訟，口角是非，孕婦有坐草之慮（小產之意），孀居矢柏舟之志（喪夫之意），主惹官刑，易生口角，鬥毆，爭訟之事，二黑坤土，四綠巽木，七赤兌金，九紫離火，均為陰星，陰星最不喜受剋，如二黑受剋，恐出寡婦；四綠受剋，不利長女；七赤受剋，易惹桃花；九離受剋，中女有災。

三三同宮：

三碧若當令，主創業興家得富貴，三碧飛入震宮或雙三同宮，富貴會突然而來，木主仁慈，失運時則反之，三碧木亦主賊星，易有盜竊，好勇鬥狠之人，官非訴訟，為吉中藏凶之象，逢客星二黑，五黃，七赤，均主凶，須妨膿血之症，肝病，足疾等。

三四同宮：

三震四巽雙木同宮，陰陽調和，主旺丁，兩顆正零神星到位，以飛星賦斷曰：「同來震巽，昧事無常，」尤其結婚四年以上的夫婦更要注意，三碧，四綠雙木星齊聚，會有霧水情緣，雖然不會長久，即取即散，但還是會產生家庭紛爭，疾病方面則易患肝膽免疫系統之症。

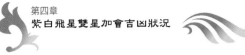

三五同宮：

三碧蚩尤星逢五黃，木剋土之象，土為五行之主，中為建築之基，如天子之尊，司萬物之命，切不可輕易侵犯，宜靜不宜動也，主應強盜，車禍，地震，肝病，足病，貧窮，事業不順，為凶象。

三六同宮：

心不正而有打殺搶劫犯者，三震為雷，六乾金為刀；四巽為風，七兌為帶槍警察，亦即雷風金戈定被刀槍殺，金剋木之象，逢六乾金所剋，患在房子的長男，亦主四肢受傷，官非訴訟，足部傷病，頭風，腦病，刀傷，跌打損傷，又應宅主或長男受災，當令則於乾宅或震宅之震方應科名喜慶之事。

三七同宮：

六七為交劍煞，主鬥爭是非不斷，二五，三七，七六同宮亦然，三七或七三同宮，最利於服務性的行業，如旅行社，報館等，亦主可掌握實權，七赤雖然是破軍星，但也是官貴星，只要心存善念者，定能生官發財，若心存惡念，且為非作歹者，必有意外血光，車禍，被殺之橫災，木主仁，逢剋則有忘恩負義之象，三七疊至，被劫盜更見官災，夫妻不和口角多，足有疾，遇九紫火易逢意外。

三八同宮：

三震木與八艮土同宮，主旺子孫，亦主出文人雅士，木剋土之象，易小產，破財，木土相剋，當令主添丁進財，但失運則小兒損傷，又主鼻病，跌傷手腳，三八主仁，早上念大悲咒21遍，持之以恆，定能永保安康，財利滾滾，樣樣得利。

三九同宮：

木生火之象，木見火而生聰明之子，若逢七赤來會，則形成金木火交剋，反主生尖酸刻薄之兒，故雖為相生，但氣也不能雜亂，三九同宮，長男個性較急，容易衝動成性，木火通明，主旺財丁，得貴秀；失運則有桃色紛爭或是意外傷足。

四一同宮：

得令必主發文貴，易有科名，金榜題名之喜，此方最適合當書房，放書桌，安床，定出聰明雅士之人，水生木之象，異性相生，陰陽調和，四一同宮準發科名之顯，四巽綠木主文昌，利於讀書考試，升職加薪，文職之人，失運時，則主桃花。

四二同宮：

四綠木剋二黑土，老母受長女所剋，婆媳必然不合，陰陽不調和，有不正桃花的現象，書云：「風行地而硬直難當，定有欺姑之婦。」若形成強木剋弱土，則易患消化系統，腦神經，氣管之疾，惟四綠木剋二黑土，其煞氣退減，二黑之病並非大凶。

四三同宮：

三震四巽雙木同宮，陰陽調和，主旺丁，兩顆正零神星到位，以飛星賦斷曰：「同來震巽，昧事無常。」尤其結婚四年以上的夫婦更要注意，三碧，四綠雙木星齊聚，會有霧水情緣，雖然不會長久，即取即散，但還是會產生家庭紛爭，疾病方面則易患肝膽免疫系統之症。

四四同宮：

四綠若為令星，主生美女，得賢妻，出功名之人，又雙四同宮，定主發文章奇秀之士，雙桃花星到臨，一般女吉男不利，也是破產星到，投資方面要小心為宜，逢一白官星之應，主宰文章，發科甲文貴，有聲名喜慶而得利，失運則飄蕩風流，易有肝膽病，下肢抽筋不適等疾。

四五同宮：

星曜分佈，如一二，三四，四五為「連茹格」，主應大凶之兆，木剋土之凶象，五黃為毒，若行為不檢，隨意網交，必會中標，土為五行之主，中為建築之基，如天子之尊，司萬物之命，切不可輕易侵犯，宜靜不宜動也，易患胃腸病，關節炎，婦女乳癌。

四六同宮：

四六合十同宮，陰陽調和，主出人才，旺丁，掌權，但為金剋木之象，陰星最不喜受剋，如二黑受剋，恐出寡婦；四綠受剋，不利長女；七赤受剋，易惹桃花；九離受剋，中女有災，當令有成名得利喜慶之事，失元則宅主有厭世或剋妻之徵，易患肝病，蛇蟲咬傷，被狗咬。

四七同宮：

七赤破軍星居巽位，主應癲病瘋狂，為金剋木之象，陰星最不喜受剋，如二黑受剋，恐出寡婦；四綠受剋，不利長女；七赤受剋，易惹桃花；九離受剋，中女有災，四巽木為長女，七兌金為少女，兩女相交，同性相拒相剋孤陰不生，易不合，官非，婚訟。

四八同宮：

四巽木剋八艮土，主應少男多病，八白為當運，則主有特殊癖好，致使意志容易消沉，木剋土之象，四綠為文昌，然八白土會四綠木，易損小口，三震碧木逢之則更凶，書云：

「八會四而小口殞生。」故此方位住小兒，易生不幸事故，對孕婦亦不利，精神壓力重，當令得貴但有孤傲不群之象，失運則出書腐，不利小兒，又主鼻病，上肢神經痛。

四九同宮：

星曜分佈，如一六，二七，三八，四九為「連珠格」，主應大吉之兆，舉凡五行相生，木火，水木，皆主發科名；金水，火土，土金，皆主發財利，木見火易生聰明之子，當運則為木火通明，主女秀，失元則巽風就離火，主火災，眼疾，肝膽，風濕，抽筋等症。

五一同宮：

土剋水之象，五黃為災病星，須防耳疾，婦女病，貧血，腎虛耳鳴，浮腫，中毒，胃出血，子宮之疾，一坎為中男，逢五黃凶星剋害太過，慎防次子有傷亡或病耗之危，此處土剋水，利於出國遠行，則能破財消災。

使用【銅鈴】屬金，開運化煞效果最好，達到通關之應。

五二同宮：

二黑五黃交加相臨，定主疾病死亡，二運尚可，過了二運，災厄立即呈現，而二五生旺，大利醫療，藥房，殯葬等業，易有頑疾纏身，脾胃病，孕婦受災，癌症，手術開刀，敗血等症，逢二黑，五黃，六白星齊到同一宮位，為天，地，人到齊，則易有陰靈，二黑雖為富星，逢旺運進財，但仍忌安床，設灶等事，土為五行之主，中為建築之基，如天子之尊，司萬物之命，切不可輕易侵犯，宜靜不宜動也，利於購置農地，山，墓園。

使用【銅鈴】屬金，開運化煞效果最好，土旺宜洩不宜剋。

五三同宮：

三碧蚩尤星逢五黃，木剋土之象，土為五行之主，中為建築之基，如天子之尊，司萬物之命，切不可輕易侵犯，宜靜不宜動也，主應強盜，車禍，地震，肝病，足病，貧窮，事業不順，長子忤逆，為凶象。

五四同宮：

星曜分佈，如一二，三四，四五為「連茹格」，主應大凶之兆，木剋土之凶象，女性家中雞飛狗跳，大破財之兆，土為五行之主，中為建築之基，如天子之尊，司萬物之命，切不可輕易侵犯，宜靜不宜動也，易患胃腸病，關節炎，婦女乳癌。

五五同宮：

五黃土為大凶煞，兩星重疊災病星不吉，無論流年或月份，主孕婦受災，疾病叢生，人口常損，五黃重疊之凶象，定主災厄不斷，故其方位宜保持靜態，惟若有家畜死亡，則凶象反而會減輕，此方最忌動土，修造，改建，須防急性病症，重症，意外損傷人口，眼疾，胃疾，癌症，家運衰退，敗財損丁。

使用【銅鈴】屬金，開運化煞效果最好，土旺宜洩不宜剋。

五六同宮：

五黃土洩於六白金，為武貴進財的現象，若於當令旺運，必定財丁兩旺，失元之令，則易有破財，損富之象，須防有頭疾，癡迷，胃腸之疾，可以增強六白金的力量。

在五六的宮位，以六個【銅鈴】的數量代表乾金，其開運化煞效果最好，土旺宜洩不宜剋。

五七同宮：

五黃廉貞土與七赤破軍星同宮，主有疫病，中毒，但若在七運當旺，定主財利豐厚，五七同宮易有旺丁的現象，須防肺病，口腔疾病，是非口舌，腹部疾病，官非訴訟。

在五七的宮位，以六個【銅鈴】的數量代表乾金，其開運化煞效果最好，土旺宜洩不宜剋。

五八同宮：

五黃廉貞土與八白破軍星同宮，八白為財帛星，主應功名進財，添丁旺子，最佳的催財方，但逢五黃土，則主病，破財，可購置農地蓋別墅或買地蓋屋，化解土黃之凶煞，須防災病，行運蹇滯，手，背，胸疼痛，鼻病，脾胃，頭部腫痛，意外血光之事。

在五八的宮位，以六個【銅鈴】的數量代表乾金，其開運化煞效果最好，土旺宜洩不宜剋。

五九同宮：

五黃廉貞土與九紫右弼星同宮，九紫火星值廉貞而頓見火災，九紫生旺五黃災病星，主不吉，易有血症，火災，性病，當令逢吉星來會，則有意外喜慶之事，惟要防不測之變，故主生出之子弟智商不高，失運逢客星二黑或七赤來會，主胃疾，血疾，中毒，眼病，又外巒頭有形煞不利亦凶，因九離屬目，五黃屬土，目中有土則易有眼病，書云：「離位傷殘而目瞎也。」即指此而言。

在五九的宮位，以六個【銅鈴】的數量代表乾金，其開運化煞效果最好，土旺宜洩不宜剋。

六一同宮：

金生水之象，一白，六白皆為吉星，主武貴進財，一，六為先天河圖共宗水，主吉祥如意，發科名與財祿，並主有壽，金水相生之吉象，亦主財貴，喜慶，成名，得利之事，文章顯達升職揚名，利桃花，六白若為當令星，主發財致富，利於金屬或機械行業，但洩於一白，則利益減弱。

六二同宮：

二黑坤土，生六白乾金，老父配老母，陰陽調和，主財利豐厚，田宅致富，人丁旺盛，西北方位最得利，商場顧客多，即使處於退洩之運，亦不貧寒，惟有財多身弱之象，須慎防脾胃，肺病，頭痛，心神不寧之疾，該方亦忌床，尤其體弱者愈弱，更須防重病臨身。

六三同宮：

三震為雷，六乾為天，雷天大壯卦，鬼入雷門喪長子，長子出外往西北方工作或讀書，則可保平安，在家則易有意外事故發生，金剋木之象，逢六乾金所剋，患在房子的長男，亦主四肢受傷，官非訴訟，足部傷病，頭風，腦病，刀傷，跌打損傷，又應宅主或長男受災，當令則於乾宅或震宅之震方應科名喜慶之事。

六四同宮：

六乾為天，四巽為風，風天小畜卦，表示只能當個小官或僕役，任人差使，巽美女在上，乾老宮在下，縱慾過度，小心會有腦中風的現象，六四合十同宮，陰陽調和，主出人才，旺丁，掌權，但為金剋木之象，陰星最不喜受剋，如二黑受剋，恐出寡婦；四綠受剋，不利長女；七赤受剋，易惹桃花；九離受剋，中女有災，當令有成名得利喜慶之事，失元則宅主有厭世或剋妻之徵，易患肝病，蛇蟲咬傷，被狗咬。

六五同宮：

五黃為毒，病症主頭長毒瘤，重感冒，大腸癌，六五同宮主發財，五六同宮則旺丁，五黃土洩於六白金，為武貴進財的現象，若於當令旺運，必定財丁兩旺，失元之令，則易有破財，損富之象，須防有頭疾，癡迷，胃腸之疾，可以增強六白金的力量。

在六五的宮位，以六個【銅鈴】的數量代表乾金，其開運化煞效果最好，土旺宜洩不宜剋。

六六同宮：

雙六乾金比合，金曜連珠，乾為天卦，主應家道和悅，財丁兩旺，富貴雙全，乾峰出狀元，主吉利財源，二金比旺，雙六同宮，主富而有權，最利於從事金屬，機械行業，工業，易有名利吉慶之事。

六七同宮：

六乾為天，七兌為澤，澤天夬卦，主應官員升官調職，大權在握，最宜從事代理商行業，商人愛小妾，採陰補陽，六七為交劍煞，主鬥爭，官非訴訟，四肢受損，遇劫，意外受傷，女兇男，主不和，六白乾金與七赤兌金相遇，因兩金相會為「交劍煞」，雖主官貴，惟流年逢交劍煞興者，六主官事，七為口舌，當有意外，官訟，劫盜，破財之事，須防頭部，呼吸系統之疾患。

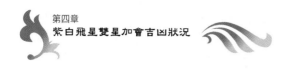

六八同宮：

六乾為天，八艮為山，山天大畜卦，屬於天醫貴人到位，益田產，發橫財，出人才之應，八白為當令旺星，主田宅星旺，最適宜宗教哲學行業，如教堂，教室，演講室，廟宇等，土金相生之吉象，輔武相見，主名利富貴吉慶之事，財源廣進，置不動產，升遷，此方有利武職或武行之發展，宜設臥房，辦公室，開門。

六九同宮：

六乾為天，九紫為火，火天大有卦，火剋金的現象，飛星訣曰：「火燒天門（九紫火剋六乾金）而張牙相鬥，家生罵父之兒。」主出逆子，為吉凶不定之卦，當旺主添丁發財吉慶之事，主發科名之顯，但失運則因火來剋金，主長房血症或宅主頭部意外傷害，灶位設於此，則為火燒天門，必出逆子。

七一同宮：

玄空祕旨：「雞七交鼠一而傾洩，必犯徒流。」七兌為刑，一坎為陷，坎水流而不返，故有充軍之象，酉也，鼠，子也，即七一，七酉金一鼠坎水，金生水主破敗，跑路，負債；男主金水多情，貪花戀酒，破敗家，七一同宮，主男淫，丁傷，財退，腎病，水腫，血症等，亦須防因酒色引起的是非災厄。

七二同宮：

二七，七二同宮為同道先天火，又為天醫貴人到位，惟二坤老母與七兌少女齊會，主應先成後敗，其志不可得，宅主淫亂，為不正之桃花，小心桃花劫而破財，星曜分佈，如一六，二七，三八，四九為「連珠格」，主應大吉之兆，但是二七為同道火，火更旺，若於七運，則為火剋七赤金，七星受制，應旺而不旺矣！須防呼吸器官，口腔之疾，腹病，刀傷，官刑，因迷信而破財之情事。

七三同宮：

七三相逢絕命煞，被劫盜，車禍，官災，六七為交劍煞，主鬥爭是非不斷，二五，三七，七六同宮亦然，三七或七三同宮，最利於服務性的行業，如旅行社，報館等，亦主可掌握實權，七赤雖然是破軍星，但也是官貴星，只要心存善念者，定能生官發財，若心存惡念，且為非作歹者，必有意外血光，車禍，被殺之橫災，木主仁，逢剋則有忘恩負義之象，三七疊至，被劫盜更見官災，夫妻不和口角多，足有疾，遇九紫火易逢意外。

七四同宮：

七赤破軍星居巽位，主應癲病瘋狂，男女容易為愛情與事業煩惱，為金剋木之象，陰星最不喜受剋，如二黑受剋，恐出寡婦；四綠受剋，不利長女；七赤受剋，易惹桃花；九離受剋，中女有災，凡是剋應，皆由卦氣來推，如四綠巽木，主長女剋應；七赤兌金，則為少女剋應，四巽木為長女，七兌金為少女，兩女相交，同性相拒相剋孤陰不生，易不合，官非，婚訟。

七五同宮：

五黃廉貞土與七赤破軍星同宮，主有疫病，中毒，但若在七運當旺，定主財利豐厚，五七同宮易有旺丁的現象，七五同宮，青樓染疾，只因七弼同黃，亦須防肺病，口腔疾病，是非口舌，腹部疾病，官非訴訟。

在七五的宮位，以六個【銅鈴】的數量代表乾金，其開運化煞效果最好，土旺宜洩不宜剋。

七六同宮：

六乾為父，七兌為少女，陰陽調和，生氣相配，天澤財旺女喜悅，主應官員升官調職，大權在握，最宜從事代理商行業，商人愛小妾，採陰補陽，七六為交劍煞，主鬥爭，官非訴訟，四肢受損，遇劫，意外受傷，女兇男，主不和，六白乾金與七赤兌金相遇，因兩金相會為「交劍煞」，雖主官貴，惟流年逢交劍煞興者，六主官事，七為口舌，當有意外，官訟，劫盜，破財之事，須防頭部，呼吸系統之疾患。

七七同宮：

雙七同宮，即是酉酉自刑，自刑為固執己見，咎由自取而敗亡，若於七運當旺，兌為金，則如金曜連珠，主大吉旺財，七赤同宮，最利刑名，適宜律師的行業或是商場需要顧客多的事業，均能得益利，紫白訣曰：「破軍赤名，肅殺劍鋒之象。」七赤重逢之凶象，主口舌或傷女口，流年逢客星三，六，九加會，主劫盜，官災，是非口舌，婦女多災厄。

七八同宮：

七兌為澤，八艮為山，山澤通氣，艮乏元神，以兌金傍城借主，主應夫妻和悅，財運亨通，精神暢足，橫財可得，投資土地，陽宅皆得利，土生金之象，富命何疑，最利醫卜星相之士，亦主男女多情，無媒妁則為私約，多財富得財貴，名利雙收也。

七九同宮：

七兌少女，九離中女，「七九」二女居，其志不可得，先成後敗，財散人離，火剋金之象，書云：「九七穿途，常逢回祿之災。」因七赤兌口為澤，離火紅色主血，故曰：「火照澤天，兼患血症。」有吐血之症狀，又此方若見紅色或尖形，三角形物體或建物沖射或犯煞，必應火災，故忌於此方開門，設爐灶，動土，修建，其制化之法，如置水或將門窗緊閉等，是故前後庭院應避免呈三角形。

八一同宮：

八白與一白同宮，雖然為土剋水之象，但在一運與八運期間，均主發文才雅士，為吉利之象，生旺富貴功名可期，剋煞則易損傷病耗，而八白為財帛星，主功名進財，添丁旺子，催財最吉方。

此處最適宜擺放【貔貅＋聚寶盆】，招財聚財效果最好。

八二同宮：

八二同宮，八運當旺，必旺人丁，亦主發財得利，宜從事商場經營，茶樓，賣場等，八二同宮合十，少男配老母，主吉利，為宅母當權，二土比旺為吉象，得令主貴，財丁兩旺，此處有二黑用事，亦不宜動。

使用【銅鈴】屬金，開運效果最好，土旺宜洩不宜剋。

八三同宮：

三震為甲木為雷，八艮為少男，雷山小過卦，木剋土，兄弟不和，折傷少男，八三同宮，主旺子孫，亦主出文人雅士，木剋土之象，易小產，破財，木土相剋，當令主添丁進財，但失運則小兒損傷，又主鼻病，跌傷手腳，八三主仁，早上念大悲咒21遍，持之以恆，定能永保安康，財利滾滾，樣樣得利。

八四同宮：

八四絕命，四為紙張，股市，花卉美女，有股市大跌之徵，巽木剋八艮土，主應少男多病，八白為當運，則主有特殊癖好，致使意志容易消沉，木剋土之象，四綠為文昌，然八白土會四綠木，易損小口，三震碧木逢之則更凶，書云：「八會四而小口殞生。」故此方位住小兒，易生不幸事故，對孕婦亦不利，精神壓力重，當令得貴但有孤傲不群之象，失運則出書腐，不利小兒，又主鼻病，上肢神經痛。

八五同宮：

五黃為毒，墓地，有鬼的山林，利於收購投資，八五同宮又見高人，高僧，五黃土與八白星同宮，八白為財帛星，主應功名進財，添丁旺子，最佳的催財方，但逢五黃土，則主病，破財，可購置農地蓋別墅或買地蓋屋，化解土黃之凶煞，須防災病，行運蹇滯，手，背，胸疼痛，鼻病，脾胃，，頭部腫痛，意外血光之事。

在八五的宮位，以六個【銅鈴】的數量代表乾金，其開運化煞效果最好，土旺宜洩不宜剋。

八六同宮：

八艮為山，六乾為天，天山遯卦，學生金居艮位，烏府求名；成人堅金遇土家富貴，八白為當令旺星，主田宅星旺，最適宜宗教哲學行業，如教堂，教室，演講室，廟宇等，土金相生之吉象，輔武相見，主名利富貴吉慶之事，財源廣進，置不動產，升遷，此方有利武職或武行之發展，宜設臥房，辦公室，開門。

八七同宮：

八艮為山，七兌為澤，澤山咸卦，少男配少女，陰陽調和，少男情歸於少女，土生金之象，富命何疑，最利醫卜星相之士，亦主男女多情，無媒妁則為私約，多財富得財貴，桃花，名利雙收也。

八八同宮：

八艮為土，兩星同宮，謂之九星歸位，土曜連珠，主富貴大吉，財丁兩旺，八白為當令旺星，主田宅興旺，最適宜宗教哲學行業，如教堂，教室，演講室，廟宇等，為二土比旺，乃諸事吉利之象，於宅之離宮更有「奇逢之喜」或成名得利之事。

八九同宮：

八艮為山林，九離為火，火山旅卦，主九離中女襄助八艮命男大進田產，亦主旺丁財，火土相生之吉象，流年於八白土宮，有九紫來會，則主發科名貴秀之事，有成名得利或婚慶之喜，宅之離宮亦多吉慶之事。

九一同宮：

九離為火，一坎為水，水火既濟卦，九一天地定位，陰陽正配，富貴雙全，人丁大旺，星曜的生剋制化，必須詳察其變化，如一白水剋九紫火，若在九運為九紫生旺，一白會因剋受辱，反而因財惹禍；若在一運為一白生旺，一九又合十，且中男配中女，陰陽調合得宜，主應暴發突富，家庭幸福，惟終因水火不容，定有傷損，失運須防在喜慶中有變化，小產，皮膚病，心目之疾，神智不清，敗血之症。

九二同宮：

九紫火生二黑土，九二同宮，主應財源綿延不絕，但若是二黑失元，則主出尼姑，九紫為當令星，主財丁兩旺，發科甲文才，九到離宮或雙九同宮尤應，尤其九紫入震宮，最旺男丁，為最佳「催生」之所，但是須防桃花處處，婦女易有心血管方面的疾病，九紫後天為火，逢五黃，七赤加會，主火災，此處不宜當臥房，慎防消化系統疾病，血症，眼病等。

九三同宮：

木生火之象，木見火而生聰明之子，若逢七赤來會，則形成金木火交剋，反主生尖酸刻薄之兒，故雖為相生，但氣也不能雜亂，九三同宮，長男個性較急，容易衝動成性，木火通明，主旺財丁，得貴秀；失運則有桃色紛爭或是意外傷足。

九四同宮：

星曜分佈，如一六，二七，三八，四九為「連珠格」，主應大吉之兆，舉凡五行相生，木火，水木，皆主發科名；金水，火土，土金，皆主發財利，木見火易生聰明之子，當運則為木火通明，主女秀，失元則巽風就離火，主火災，眼疾，肝膽，風濕，抽筋等症。

九五同宮：

五黃廉貞土與九紫右弼星同宮，九紫火星值廉貞而頓見火災，九紫生旺五黃災病星，主不吉，易有血症，火災，性病，當令逢吉星來會，則有意外喜慶之事，惟要防不測之變，故主生出之子弟智商不高，失運逢客星二黑或七赤來會，主胃疾，血疾，中毒，眼病，又外巒頭有形煞不利亦凶，因九離屬目，五黃屬土，目中有土則易有眼病，書云：「離位傷殘而目瞎也。」即指此而言。

在九五的宮位，以六個【銅鈴】的數量代表乾金，其開運化煞效果最好，土旺宜洩不宜剋。

九六同宮：

九離為火，六乾為天，天火同人卦，舊店開業生意興隆，新店裝潢煥然一新，朋友相親和樂之象，九六同宮為火剋金的現象，飛星訣曰：「火燒天門（九紫火剋六乾金）而張牙相鬥，家生罵父之兒。」主出逆子，為吉凶不定之卦，當旺主添丁發財吉慶之事，主發科名之顯，但失運則因火來剋金，主長房血症或宅主頭部意外傷害，灶位設於此，則為火燒天門，必出逆子。

九七同宮：

九離中女，七兌少女，澤火革卦，女人有災禍之象，九七同宮為火剋金之象，書云：「九七穿途，常逢回祿之災。」因七赤兌口為澤，離火紅色主血。故曰：「火照澤天，兼患血症。」有吐血之症狀，又此方若見紅色或尖形，三角形物體或建物沖射或犯煞，必應火災，故忌於此方開門，設爐灶，動土，修建，其制化之法，如置水或將門窗緊閉等，是故前後庭院應避免呈三角形。

九八同宮：

九離為火，八艮為山，山火賁卦，主應進益田產，少男大利，生貴子，增福祿，亦主旺丁財，火土相生之吉象，流年於八白土宮，有九紫來會，則主發科名貴秀之事，有成名得利或婚慶之喜，宅之離宮亦多吉慶之事。

九九同宮：

九離為火，離為火卦，主應居於南北宅會發富，催貴，考試得利；若居於東西宅者，主

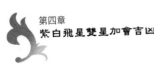

應大腸病，心疼，眼疾，火災，離為火；玄機賦曰：離位巉巖（巒頭有煞）而損目，主心臟及眼疾，乃吉中有凶之象，流年逢客星八白來會主吉慶，但逢五黃，七赤則有火災，桃色糾紛，在疾病方面要防心血管疾患，眼病，高血壓。

第二節　雙星加會陽宅入門斷

以年，月所排出來的雙星加會組合，所代表的意義，就是兩個飛星飛泊在同一宮位，因而產生碰撞，就會產生何種現象，據此便能論斷星曜組合的吉凶禍福，準確性非常高。以每年的年，月，各宮雙星組合之後的吉凶釋義，就可以查閱以下解說，來了解其吉凶意涵。而星曜飛臨皆有吉凶，只要能趨吉避凶，逢吉納福，就能夠得到家宅的平安，延年益壽，安暢無慮。

雙星加會吉凶釋義：

【23】、【32】：主應口舌是非不斷。

【37】、【67】、【73】、【76】：主應強盜侵害。

【22】、【25】、【52】、【55】：主應大病損人口。
【27】、【72】、【79】、【97】：主應火災或熱病。
【11】、【14】、【16】、【18】、【41】、【46】。
【61】、【64】、【66】、【68】、【81】、【86】、【88】：主應有喜慶或成名得利。
PS：凶星飛臨的方位，避免擺設尖銳之物，最適宜安置【羅盤或銅鈴】予以化煞，此處宜靜不宜動。
吉星飛臨的方位，可擺放吉祥開運物品，藉以招財納福。

民國103年，112年，121年，130年（一月，十月）

東北方逢【72】，主應火災或熱病。
東南方逢【37】，主應強盜侵害。
西方逢【61】，主應有喜慶或成名得利。

東南	南	西南
年 3 月 7	年 8 月 3	年 1 月 5
年 2 月 6	年 4 月 8	年 6 月 1
年 7 月 2	年 9 月 4	年 5 月 9
東北	北	西北

東南	南	西南
年 月 3 6	年 月 8 2	年 月 1 4
年 月 2 5	年 月 4 7	年 月 6 9
年 月 7 1	年 月 9 3	年 月 5 8
東北	北	西北

民國103年，112年，121年，130年（二月，十一月）

東方逢【25】，主應大病損人口。

西南方逢【14】，主應有喜慶或成名得利。

民國103年，112年，121年，130年（三月，十二月）

南方逢【81】，中宮逢【46】，西方逢【68】，主應有喜慶或成名得利。

東北方逢【79】，主應火災或熱病。

東南	南	西南
年 月 3 5	年 月 8 1	年 月 1 3
年 月 2 4	年 月 4 6	年 月 6 8
年 月 7 9	年 月 9 2	年 月 5 7
東北	北	西北

東南	南	西南
年 月 3 4	年 月 8 9	年 月 1 2
年 月 2 3	年 月 4 5	年 月 6 7
年 月 7 8	年 月 9 1	年 月 5 6
東北	北	西北

民國103年，112年，121年，130年（四月）

東方逢【23】，主應口舌是非不斷。

西方逢【67】，主應強盜侵害。

民國103年，112年，121年，130年（五月）

西南方逢【11】，西方逢【66】，南方逢【88】，主應有喜慶或成名得利。

東方逢【22】，西北方逢【55】，主應大病損人口。

東南	南	西南
年 月 3 3	年 月 8 8	年 月 1 1
年 月 2 2	年 月 4 4	年 月 6 6
年 月 7 7	年 月 9 9	年 月 5 5
東北	北	西北

民國103年，112年，121年，130年（六月）

東南方逢【32】，主應大病損人口。

東北方逢【76】，主應強盜侵害。

東南	南	西南
年 3 月 1	年 8 月 6	年 1 月 8
年 2 月 9	年 4 月 2	年 6 月 4
年 7 月 5	年 9 月 7	年 5 月 3
東北	北	西北

民國103年，112年，121年，130年（七月）

西南方逢【18】，西方逢【64】，南方逢【86】，主應有喜慶或成名得利。

北方逢【97】，主應火災或熱病。

東南	南	西南
年 3 月 2	年 8 月 7	年 1 月 9
年 2 月 1	年 4 月 3	年 6 月 5
年 7 月 6	年 9 月 8	年 5 月 4
東北	北	西北

東南	南	西南
年 3　月 9	年 8　月 5	年 1　月 7
年 2　月 8	年 4　月 1	年 6　月 3
年 7　月 4	年 9　月 6	年 5　月 2
東北	北	西北

民國103年，112年，121年，130年（八月）

中宮逢【41】，主應有喜慶或成名得利。

西北方逢【52】，主應大病損人口。

民國103年，112年，121年，130年（九月）

西南方逢【16】，主應有喜慶或成名得利。

東北方逢【73】，主應強盜侵害。

西方逢【27】，主應火災或熱病。

東南	南	西南
年 3　月 8	年 8　月 4	年 1　月 6
年 2　月 7	年 4　月 9	年 6　月 2
年 7　月 3	年 9　月 5	年 5　月 1
東北	北	西北

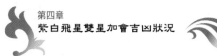

民國104年，113年，122年，131年（一月，十月）

東北方逢【68】，北方逢【81】，西北方逢【46】，主應有喜慶或成名得利。

南方逢【79】，主應火災或熱病。

東南	南	西南
年 月 2 4	年 月 7 9	年 月 9 2
年 月 1 3	年 月 3 5	年 月 5 7
年 月 6 8	年 月 8 1	年 月 4 6
東北	北	西北

民國104年，113年，122年，131年（二月，十一月）

東南方逢【23】，主應口舌是非不斷。

東北方逢【67】，主應強盜侵害。

東南	南	西南
年 月 2 3	年 月 7 8	年 月 9 1
年 月 1 2	年 月 3 4	年 月 5 6
年 月 6 7	年 月 8 9	年 月 4 5
東北	北	西北

東南	南	西南
年 月 2 2	年 月 7 7	年 月 9 9
年 月 1 1	年 月 3 3	年 月 5 5
年 月 6 6	年 月 8 8	年 月 4 4
東北	北	西北

民國104年，113年，122年，131年（三月，十二月）

東方逢【11】，東北方逢【66】，北方逢【88】，主應有喜慶或成名得利。

東南方逢【22】，西方逢【55】，主應大病損人口。

民國104年，113年，122年，131年（四月）

中宮逢【32】，主應口舌是非不斷。

南方逢【76】，主應強盜侵害。

東南	南	西南
年 月 2 1	年 月 7 6	年 月 9 8
年 月 1 9	年 月 3 2	年 月 5 4
年 月 6 5	年 月 8 7	年 月 4 3
東北	北	西北

民國104年，113年，122年，131年（五月）

東方逢【18】，東北方逢【64】，北方逢【86】，主應有喜慶或成名得利。

西南方逢【97】，主應火災或熱病。

東南	南	西南
年2 月9	年7 月5	年9 月7
年1 月8	年3 月1	年5 月3
年6 月4	年8 月6	年4 月2
東北	北	西北

民國104年，113年，122年，131年（六月）

西北方逢【41】，主應有喜慶或成名得利。

西方逢【52】，主應大病損人口。

東南	南	西南
年2 月8	年7 月4	年9 月6
年1 月7	年3 月9	年5 月2
年6 月3	年8 月5	年4 月1
東北	北	西北

民國104年，113年，122年，131年（七月）

東方逢【16】，主應有喜慶或成名得利。

東南方逢【27】，主應火災或熱病。

南方逢【73】，主應強盜侵害。

東南	南	西南
年 2　月 7	年 7　月 3	年 9　月 5
年 1　月 6	年 3　月 8	年 5　月 1
年 6　月 2	年 8　月 4	年 4　月 9
東北	北	西北

民國104年，113年，122年，131年（八月）

東北方逢【61】，主應有喜慶或成名得利。

南方逢【72】，主應火災或熱病。

中宮逢【37】，主應強盜侵害。

東南	南	西南
年 2　月 6	年 7　月 2	年 9　月 4
年 1　月 5	年 3　月 7	年 5　月 9
年 6　月 1	年 8　月 3	年 4　月 8
東北	北	西北

東南		南		西南	
年	月	年	月	年	月
2	5	7	1	9	3
年	月	年	月	年	月
1	4	3	6	5	8
年	月	年	月	年	月
6	9	8	2	4	7
東北		北		西北	

民國104年，113年，122年，131年（九月）

東方逢【14】，主應有喜慶或成名得利。

東南方逢【25】，主應大病損人口。

民國105年，114年，123年，132年（一月，十月）

東南方逢【11】，南方逢【66】，西南方逢【88】，主應有喜慶或成名得利。

中宮逢【22】，東北方逢【55】，主應大病損人口。

東南		南		西南	
年	月	年	月	年	月
1	1	6	6	8	8
年	月	年	月	年	月
9	9	2	2	4	4
年	月	年	月	年	月
5	5	7	7	3	3
東北		北		西北	

民國105年，114年，123年，132年（二月，十一月）

北方逢【76】，主應強盜侵害。

西北方逢【32】，主應口舌是非不斷。

東南	南	西南
年 月 1 9	年 月 6 5	年 月 8 7
年 月 9 8	年 月 2 1	年 月 4 3
年 月 5 4	年 月 7 6	年 月 3 2
東北	北	西北

民國105年，114年，123年，132年（三月，十二月）

東南方逢【18】，南方逢【64】，西南方逢【86】，主應有喜慶或成名得利。

東方逢【97】，主應火災或熱病。

東南	南	西南
年 月 1 8	年 月 6 4	年 月 8 6
年 月 9 7	年 月 2 9	年 月 4 2
年 月 5 3	年 月 7 5	年 月 3 1
東北	北	西北

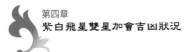

民國105年，114年，123年，132年（四月）

西方逢【41】，主應有喜慶或成名得利。

東北方逢【52】，主應大病損人口。

民國105年，114年，123年，132年（五月）

東南方逢【16】，主應有喜慶或成名得利。

中宮逢【27】，主應火災或熱病。

北方逢【73】，主應強盜侵害。

東南	南	西南
年 月 1 7	年 月 6 3	年 月 8 5
年 月 9 6	年 月 2 8	年 月 4 1
年 月 5 2	年 月 7 4	年 月 3 9
東北	北	西北

東南	南	西南
年 月 1 6	年 月 6 2	年 月 8 4
年 月 9 5	年 月 2 7	年 月 4 9
年 月 5 1	年 月 7 3	年 月 3 8
東北	北	西北

民國105年，114年，123年，132年（六月）
南方逢【61】，主應有喜慶或成名得利。
北方逢【72】，主應火災或熱病。
西北方逢【37】，主應強盜侵害。

民國105年，114年，123年，132年（七月）
東南方逢【14】，主應有喜慶或成名得利。
中宮逢【25】，主應大病損人口。

東南　　南　　西南

年 月 1 5	年 月 6 1	年 月 8 3
年 月 9 4	年 月 2 6	年 月 4 8
年 月 5 9	年 月 7 2	年 月 3 7

東北　　北　　西北

東南　　南　　西南

年 月 1 4	年 月 6 9	年 月 8 2
年 月 9 3	年 月 2 5	年 月 4 7
年 月 5 8	年 月 7 1	年 月 3 6

東北　　北　　西北

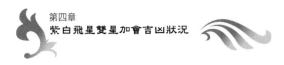

東南	南	西南
年 月 1 3	年 月 6 8	年 月 8 1
年 月 9 2	年 月 2 4	年 月 4 6
年 月 5 7	年 月 7 9	年 月 3 5
東北	北	西北

民國105年，114年，123年，132年（八月）

南方逢【68】，西南方逢【81】，西方逢【46】，主應有喜慶或成名得利。

北方逢【79】，主應火災或熱病。

東南	南	西南
年 月 1 2	年 月 6 7	年 月 8 9
年 月 9 1	年 月 2 3	年 月 4 5
年 月 5 6	年 月 7 8	年 月 3 4
東北	北	西北

民國105年，114年，123年，132年（九月）

南方逢【67】，主應強盜侵害。

中宮逢【23】，主應口舌是非不斷。

民國106年，115年，124年，133年（一月，十月）

中宮逢【18】，北方逢【64】，東方逢【86】，主應有喜慶或成名得利。

東南方逢【97】，主應火災或熱病。

民國106年，115年，124年，133年（二月，十一月）

東北方逢【41】，主應有喜慶或成名得利。

南方逢【52】，主應大病損人口。

東南	南	西南
年 月 9 7	年 月 5 3	年 月 7 5
年 月 8 6	年 月 1 8	年 月 3 1
年 月 4 2	年 月 6 4	年 月 2 9
東北	北	西北

東南	南	西南
年 月 9 6	年 月 5 2	年 月 7 4
年 月 8 5	年 月 1 7	年 月 3 9
年 月 4 1	年 月 6 3	年 月 2 8
東北	北	西北

民國106年，115年，124年，133年（三月，十二月）

中宮逢【16】，主應有喜慶或成名得利。

西南方逢【73】，主應強盜侵害。

西北方逢【27】，主應火災或熱病。

民國106年，115年，124年，133年（四月）

北方逢【61】，主應有喜慶或成名得利。

西方逢【37】，主應強盜侵害。

西南方逢【72】，主應火災或熱病。

東南	南	西南
年 月 9 4	年 月 5 9	年 月 7 2
年 月 8 3	年 月 1 5	年 月 3 7
年 月 4 8	年 月 6 1	年 月 2 6
東北	北	西北

東南	南	西南
年 月 9 5	年 月 5 1	年 月 7 3
年 月 8 4	年 月 1 6	年 月 3 8
年 月 4 9	年 月 6 2	年 月 2 7
東北	北	西北

東南	南	西南
年 月 9 3	年 月 5 8	年 月 7 1
年 月 8 2	年 月 1 4	年 月 3 6
年 月 4 7	年 月 6 9	年 月 2 5
東北	北	西北

民國106年，115年，124年，133年（五月）

中宮逢【14】，主應有喜慶或成名得利。

西北方逢【25】，主應大病損人口。

東南	南	西南
年 月 9 2	年 月 5 7	年 月 7 9
年 月 8 1	年 月 1 3	年 月 3 5
年 月 4 6	年 月 6 8	年 月 2 4
東北	北	西北

民國106年，115年，124年，133年（六月）

東方逢【81】，東北方逢【46】，北方逢【68】，主應有喜慶或成名得利。

西南方逢【79】，主應火災或熱病。

東南　南　西南

年 月 9 1	年 月 5 6	年 月 7 8
年 月 8 9	年 月 1 2	年 月 3 4
年 月 4 5	年 月 6 7	年 月 2 3

東北　北　西北

民國106年，115年，124年，133年（七月）

北方逢【67】，主應強盜侵害。

西北方逢【23】，主應口舌是非不斷。

東南　南　西南

年 月 9 9	年 月 5 5	年 月 7 7
年 月 8 8	年 月 1 1	年 月 3 3
年 月 4 4	年 月 6 6	年 月 2 2

東北　北　西北

民國106年，115年，124年，133年（八月）

中宮逢【11】，北方逢【66】，東方逢【88】，主應有喜慶或成名得利。

西北方逢【22】，南方逢【55】，主應大病損人口。

民國106年，115年，124年，133年（九月）

西南方逢【76】，主應強盜侵害。

西方逢【32】，主應口舌是非不斷。

民國107年，116年，125年，134年（一月，十月）

東方逢【73】，主應強盜侵害。

西方逢【27】，主應火災或熱病。

西北方逢【16】，主應有喜慶或成名得利。

東南　南　西南

年 月 9 8	年 月 5 4	年 月 7 6
年 月 8 7	年 月 1 9	年 月 3 2
年 月 4 3	年 月 6 5	年 月 2 1

東北　北　西北

東南　南　西南

年 月 8 4	年 月 4 9	年 月 6 2
年 月 7 3	年 月 9 5	年 月 2 7
年 月 3 8	年 月 5 1	年 月 1 6

東北　北　西北

民國107年，116年，125年，134年（二月，十一月）

西南方逢【61】，主應有喜慶或成名得利。

東方逢【72】，主應火災或熱病。

東北方逢【37】，主應強盜侵害。

東南	南	西南
年 月 8 3	年 月 4 8	年 月 6 1
年 月 7 2	年 月 9 4	年 月 2 6
年 月 3 7	年 月 5 9	年 月 1 5
東北	北	西北

民國107年，116年，125年，134年（三月，十二月）

西北方逢【14】，主應有喜慶或成名得利。

西方逢【25】，主應大病損人口。

東南	南	西南
年 月 8 2	年 月 4 7	年 月 6 9
年 月 7 1	年 月 9 3	年 月 2 5
年 月 3 6	年 月 5 8	年 月 1 4
東北	北	西北

東南	南	西南
年 月 8 9	年 月 4 5	年 月 6 7
年 月 7 8	年 月 9 1	年 月 2 3
年 月 3 4	年 月 5 6	年 月 1 2
東北	北	西北

東南	南	西南
年 月 8 1	年 月 4 6	年 月 6 8
年 月 7 9	年 月 9 2	年 月 2 4
年 月 3 5	年 月 5 7	年 月 1 3
東北	北	西北

民國107年，116年，125年，134年（四月）

南方逢【46】，西南方逢【68】，東南方逢【81】，主應有喜慶或成名得利。

東方逢【79】，主應火災或熱病。

民國107年，116年，125年，134年（五月）

西南方逢【67】，主應強盜侵害。

西方逢【23】，主應口舌是非不斷。

民國107年，116年，125年，134年（六月）

西北方逢【11】，西南方逢【66】，東南方逢【88】，主應有喜慶或成名得利。

西方逢【22】，北方逢【55】，主應大病損人口。

民國107年，116年，125年，134年（七月）

東方逢【76】，主應強盜侵害。

東北方逢【32】，主應口舌是非不斷。

東南	南	西南
年 月 8 8	年 月 4 4	年 月 6 6
年 月 7 7	年 月 9 9	年 月 2 2
年 月 3 3	年 月 5 5	年 月 1 1
東北	北	西北

東南	南	西南
年 月 8 7	年 月 4 3	年 月 6 5
年 月 7 6	年 月 9 8	年 月 2 1
年 月 3 2	年 月 5 4	年 月 1 9
東北	北	西北

民國107年，116年，125年，134年（八月）

西北方逢【18】，西南方逢【64】，東南方逢【86】，主應有喜慶或成名得利。

中宮逢【97】，主應火災或熱病。

民國107年，116年，125年，134年（九月）

南方逢【41】，主應有喜慶或成名得利。

北方逢【52】，主應大病損人口。

東南	南	西南
年 月 8 6	年 月 4 2	年 月 6 4
年 月 7 5	年 月 9 7	年 月 2 9
年 月 3 1	年 月 5 3	年 月 1 8
東北	北	西北

東南	南	西南
年 月 8 5	年 月 4 1	年 月 6 3
年 月 7 4	年 月 9 6	年 月 2 8
年 月 3 9	年 月 5 2	年 月 1 7
東北	北	西北

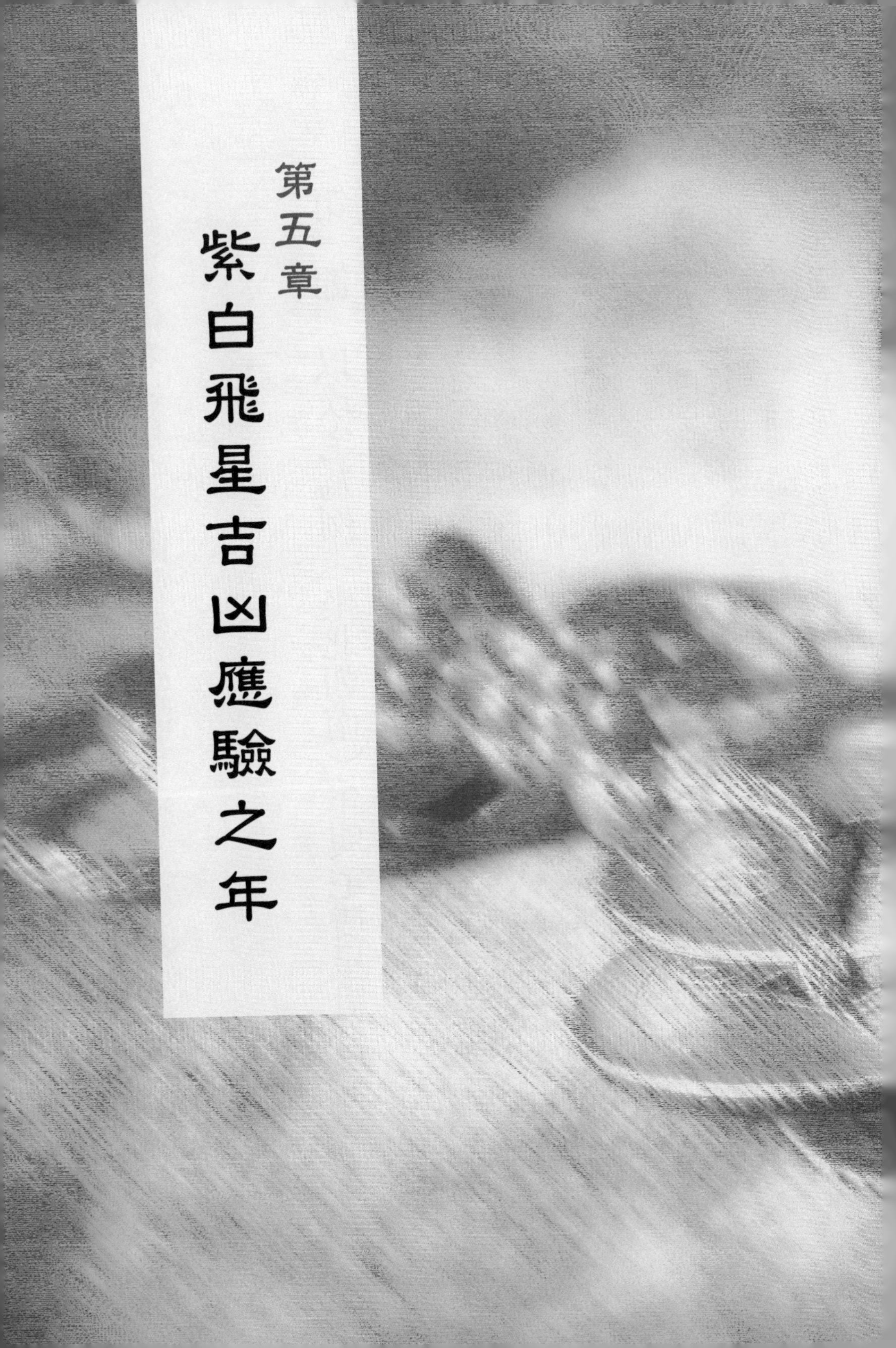

第五章

紫白飛星吉凶應驗之年

在眾多陽宅學派當中，論流年吉凶禍福，最快速且最應驗者，首推紫白飛星派。以下將介紹如何運用紫白飛星法，來診斷每年各方位的屋宅，最可能發生什麼現象。

第一節　以坎宅為例（坐北朝南）年與宅雙星組合

以西元2014年為例，民國一〇三年飛星盤（甲午年）：2014-1911=103年，103=1+0+3=4，所以就從（男生）七兌逆數四格，得結果是四巽，再將4代入中宮飛泊。

房子各方位經飛星碰撞而得到的現象，如以下說明，吉星飛臨要好好造運，遭逢凶星就要有避煞（預防）的動作。

東南	南	西南
年 月 9 3	年 月 5 8	年 月 7 1
年 月 8 2	年 月 1 4	年 月 3 6
年 月 4 7	年 月 6 9	年 月 2 5
東北	北	西北

東南方【九三】同宮：

木生火之象，木見火而生聰明之子，若逢七赤來會，則形成金木火交剋，反主生尖酸刻薄之兒，故雖為相生，但氣也不能雜亂，九三同宮，長男個性較急，容易衝動成性，木火通明，主旺財丁，得貴秀；失運則有桃色紛爭或是意外傷足。

東方【八二】同宮：

八二同宮，八運當旺，必旺人丁，亦主發財得利，宜從事商場經營，茶樓，賣場等，八二同宮合十，少男配老母，主吉利，為宅母當權，二土比旺為吉象，得令主貴，財丁兩旺，此處有二黑用事，亦不宜動，使用【銅鈴】屬金，開運效果最好，土旺宜洩不宜剋。

東北方【四七】同宮：

七赤破軍星居巽位，主應癲病瘋狂，為金剋木之象，陰星最不喜受剋，如二黑受剋，恐出寡婦；四綠受剋，不利長女；七赤受剋，易惹桃花；九離受剋，中女有災，四巽木為長女，七兌金為少女，兩女相交，同性相拒相剋孤陰不生，易不合，官非，婚訟。

北方【六九】同宮：

六乾為天，九紫為火，火天大有卦，火剋金的現象，飛星訣曰：「火燒天門（九紫火剋六乾金）而張牙相鬥，家生罵父之兒。」主出逆子，為吉凶不定之卦，當旺主添丁發財吉慶之事，主發科名之顯，但失運則因火來剋金，主長房血症或宅主頭部意外傷害，灶位設於此，則為火燒天門，必出逆子。

西北方【二五】同宮：

二黑五黃交加相臨，定主疾病死亡，二運尚可，過了二運，災厄立即呈現，而二五生旺，大利醫療，藥房，殯葬等業，易有頑疾纏身，脾胃病，孕婦受災，癌症，手術開刀，敗血等症，逢二黑，五黃，六白星齊到同一宮位，為天，地，人到齊，則易有陰靈，二黑雖為富星，逢旺運進財，但仍忌安床，設灶等事，土為五行之主，中為建築之基，如天子之尊，司萬物之命，切不可輕易侵犯，宜靜不宜動也，使用【銅鈴】開運化煞效果最好，土旺宜洩不宜剋。

西方【三六】同宮：

心不正而有打殺搶劫犯者，三震為雷，六乾金為刀；四巽為風，七兌為帶槍警察，亦即雷風金戈定被刀槍殺，金剋木之象，逢六乾金所剋，患在房子的長男，亦主四肢受傷，官非訴訟，足部傷病，頭風，腦病，刀傷，跌打損傷，又應宅主或長男受災，當令則於乾宅或震宅之震方應科名喜慶之事。

西南方【七一】同宮：

玄空祕旨：「雞七交鼠一而傾洩，必犯徒流，」七兌為刑，一坎為陷，坎水流而不返，故有充軍之象，酉也，鼠，子也，即七一，七酉金一鼠坎水，金生水主破敗，跑路，負債；

男主金水多情，貪花戀酒，破敗家，七一同宮，主男淫，丁傷，財退，腎病，水腫，血症等，亦須防因酒色引起的是非災厄。

南方【五八】同宮：

五黃廉貞土與八白破軍星同宮，八白為財帛星，主應功名進財，添丁旺子，最佳的催財方，但逢五黃土，則主病，破財，可購置農地蓋別墅或買地蓋屋，化解土黃之凶煞，須防災病，行運蹇滯，手，背，胸疼痛，鼻病，脾胃，頭部腫痛，意外血光之事，在五八的宮位，以六個【銅鈴】的數量代表乾金，其開運化煞效果最好，土旺宜洩不宜剋。

中宮逢【14】，主應有喜慶或成名得利。

西北方逢【25】，主應大病損人口。

PS：**凶星飛臨的方位，避免擺設尖銳之物，最適宜安置【羅盤或銅鈴】予以化煞，此處宜靜不宜動。**

吉星飛臨的方位，可擺放吉祥開運物品，藉以招財納福。

第二節　以坤宅為例（坐西南朝東北）年與宅雙星組合

以西元2015年為例，民國一〇四年飛星盤（乙未年）：

2015-1911=104年，104=1+0+4=5，所以就從（男生）七兌逆數五格，得結果是三震，再將3代入中宮飛泊。

中宮逢【23】，主應口舌是非不斷。

南方逢【67】，主應強盜侵害。

PS：雙星交會情況請查閱第四章【紫白飛星雙星加會吉凶狀況】

東南	南	西南
年 月 1 2	年 月 6 7	年 月 8 9
年 月 9 1	年 月 2 3	年 月 4 5
年 月 5 6	年 月 7 8	年 月 3 4
東北	北	西北

第三節　以震宅為例（坐東朝西）年與宅雙星組合

以西元2016年，民國一〇五年飛星盤（丙申年）：

2016-1911=105年，105=1+0+5=6，所以就從（男生）七兌逆數六格，得結果是二坤，再將2代入中宮飛泊。

中宮逢【32】，主應口舌是非不斷。

南方逢【76】，主應強盜侵害。

PS：雙星交會情況請查閱第四章【紫白飛星雙星加會吉凶狀況】

東南	南	西南
年 月 2 1	年 月 7 6	年 月 9 8
年 月 1 9	年 月 3 2	年 月 5 4
年 月 6 5	年 月 8 7	年 月 4 3
東北	北	西北

第四節　以巽宅為例（坐東南朝西北）年與宅雙星組合

以西元2017年，民國一〇六年飛星盤（丁酉年）：

2017-1911=106年，106=1+0+6=7，所以就從（男生）七兌逆數七格，得結果是一坎，再將1代入中宮飛泊，

中宮逢【41】，主應有喜慶或成名得利。

西北方逢【52】，主應大病損人口。

PS：雙星交會情況請查閱第四章【紫白飛星雙星加會吉凶狀況】

東南	南	西南
年 月 3 9	年 月 8 5	年 月 1 7
年 月 2 8	年 月 4 1	年 月 6 3
年 月 7 4	年 月 9 6	年 月 5 2
東北	北	西北

第五節　以乾宅為例（坐西北朝東南）年與宅雙星組合

以西元2018年，民國一〇七年飛星盤（戊戌年）：

2018-1911=107年，107=1+0+7=8，所以就從（男生）七兌逆數八格，得結果是九離，再將9代入中宮飛泊。

南方逢【14】，主應有喜慶或成名得利。

北方逢【25】，主應大病損人口。

PS：雙星交會情況請查閱第四章【紫白飛星雙星加會吉凶狀況】

東南	南	西南
年 5　月 8	年 1　月 4	年 3　月 6
年 4　月 7	年 6　月 9	年 8　月 2
年 9　月 3	年 2　月 5	年 7　月 1
東北	北	西北

第六節　以兌宅為例（坐西朝東）年與宅雙星組合

以西元2019年，民國一〇八年飛星盤（己亥年）：

2019-1911=108年，108=1+0+8=9，所以就從（男生）七兌逆數九格，得結果是八艮，再將8代入中宮飛泊。

東南方逢【67】，主應強盜侵害。

南方逢【23】，主應口舌是非不斷。

PS：雙星交會情況請查閱第四章【紫白飛星雙星加會吉凶狀況】

東南	南	西南
年　月 6　7	年　月 2　3	年　月 4　5
年　月 5　6	年　月 7　8	年　月 9　1
年　月 1　2	年　月 3　4	年　月 8　9
東北	北	西北

第七節　以艮宅為例（坐東北朝西南）年與宅雙星組合

以西元2020年，民國一〇九年飛星盤（庚子年）：

2020-1911=109年，109=1+0+9=10，超過兩位數，必須再加一次，則1+0=1，所以就從（男生）七兌逆數一格，得結果是七兌，再將7代入中宮飛泊。

東南方逢【76】，主應強盜侵害。

南方逢【32】，主應口舌是非不斷。

PS：雙星交會情況請查閱第四章【紫白飛星雙星加會吉凶狀況】

東南	南	西南
年 月 7 6	年 月 3 2	年 月 5 4
年 月 6 5	年 月 8 7	年 月 1 9
年 月 2 1	年 月 4 3	年 月 9 8
東北	北	西北

第八節　以離宅為例（坐南朝北）年與宅雙星組合

以西元2021年，民國一一〇年飛星盤（辛丑年）：

2021-1911=110年，110=1+1+0=2，所以就從（男生）七兌逆數二格，得結果是六乾，再將6代入中宮飛泊。

南方逢【41】，主應有喜慶或成名得利。

北方逢【52】，主應大病損人口。

PS：雙星交會情況請查閱第四章【紫白飛星雙星加會吉凶狀況】

東南	南	西南
年 月 8 5	年 月 4 1	年 月 6 3
年 月 7 4	年 月 9 6	年 月 2 8
年 月 3 9	年 月 5 2	年 月 1 7
東北	北	西北

第六章

紫白飛星吉凶應驗之月

在眾多陽宅學派當中，論流月吉凶禍福，最快速且最應驗者，同樣首推紫白飛星派，以下將介紹如何運用紫白飛星法，來診斷每年當中的每個月，各方位屋宅或居住在家中的成員，最可能發生什麼現象。

房子各方位經飛星碰撞而得到的現象，吉星飛臨要好好造運，遭逢凶星就要有避煞（預防）的動作。

茲將八，九運（民國93年至民國132年）的年紫白與正月的月紫白飛星入「中宮」飛泊情形，列表如下。

八大運	天干地支	年紫白飛星	正月紫白飛星	九大運	天干地支	年紫白飛星	正月紫白飛星
93年	甲申年	5黃	2黑	113年	甲辰年	3碧	5黃
94年	乙酉年	4綠	8白	114年	乙巳年	2黑	2黑
95年	丙戌年	3碧	5黃	115年	丙午年	1白	8白
96年	丁亥年	2黑	2黑	116年	丁未年	9紫	5黃
97年	戊子年	1白	8白	117年	戊申年	8白	2黑
98年	己丑年	9紫	5黃	118年	己酉年	7赤	8白
99年	庚寅年	8白	2黑	119年	庚戌年	6白	5黃

100年	辛卯年	7赤	8白	120年	辛亥年	5黃	2黑
101年	壬辰年	6白	5黃	121年	壬子年	4綠	8白
102年	癸巳年	5黃	2黑	122年	癸丑年	3碧	5黃
103年	甲午年	4綠	8白	123年	甲寅年	2黑	2黑
104年	乙未年	3碧	5黃	124年	乙卯年	1白	8白
105年	丙申年	2黑	2黑	125年	丙辰年	9紫	5黃
106年	丁酉年	1白	8白	126年	丁巳年	8白	2黑
107年	戊戌年	9紫	5黃	127年	戊午年	7赤	8白
108年	己亥年	8白	2黑	128年	己未年	6白	5黃
109年	庚子年	7赤	8白	129年	庚申年	5黃	2黑
110年	辛丑年	6白	5黃	130年	辛酉年	4綠	8白
111年	壬寅年	5黃	2黑	131年	壬戌年	3碧	5黃
112年	癸卯年	4綠	8白	132年	癸亥年	2黑	2黑

第一節　以坎宅為例（坐北朝南）宅，年，月三星碰撞情形

宅，年飛星的排法，如第五章所述，月飛星的排法除了參考第一章第四節月紫白飛星之排法以外，亦可查上表得知何飛星，代入中宮飛泊。

如上附表，民國一〇三年甲午年，1月「中宮」起八白，依次逆飛九星，2月七赤入「中宮」，3月六白入「中宮」，4月五黃入「中宮」，5月四綠入「中宮」，6月三碧入「中宮」，7月二黑入「中宮」，8月一白入「中宮」，9月九紫入「中宮」，10月八白入「中宮」，11月七赤入「中宮」，12月六白入「中宮」，而民國一〇四年乙未年，1月五黃入「中宮」飛泊；民國一〇五年丙申年，1月二黑入「中宮」飛泊，其餘如上推論。

坎宅，西元2014年，民國一〇三年一月飛星盤（甲午年）：

東南方【九七】同宮：

九離中女，七兌少女，澤火革卦，女人有災禍之象，九七同宮為火剋金之象，書云：「九七穿途，常逢回祿之災，」因七赤兌口為澤，離火紅色主血，故曰：「火照澤天，兼患

東南	南	西南
宅 年 月 9 3 7	宅 年 月 5 8 3	宅 年 月 7 1 5
宅 年 月 8 2 6	宅 年 月 1 4 8	宅 年 月 3 6 1
宅 年 月 4 7 2	宅 年 月 6 9 4	宅 年 月 2 5 9
東北	北	西北

血症，」有吐血之症狀，又此方若見紅色或尖形，三角形物體或建物沖射或犯煞，必應火災，故忌於此方開門，設爐灶，動土，修建，其制化之法，如置水或將門窗緊閉等，是故前後庭院應避免呈三角形。

東南方【三七】同宮：

六七為交劍煞，主鬥爭是非不斷，二五，三七，七六同宮亦然，三七或七三同宮，最利於服務性的行業，如旅行社，報館等，亦主可掌握實權，七赤雖然是破軍星，但也是官貴星，只要心存善念者，定能生官發財，若心存惡念，且為非作歹者，必有意外血光，車禍，被殺之橫災，木主仁，逢剋則有忘恩負義之象，三七疊至，被劫盜更見官災，夫妻不和口角多，足有疾，遇九紫火易逢意外。

東方【八六】同宮：

八艮為山，六乾為天，天山遯卦，學生金居艮位，烏府求名；成人堅金遇土家富貴，八白為當令旺星，主田宅星旺，最適宜宗教哲學行業，如教堂，教室，演講室，廟宇等，土金相生之吉象，輔武相見，主名利富貴吉慶之事，財源廣進，置不動產，升遷，此方有利武職或武行之發展，宜設臥房，辦公室，開門。

東北方【七二】同宮：

二七，七二同宮為同道先天火，又為天醫貴人到位，惟二坤老母與七兌少女齊會，主應先成後敗，其志不可得，宅主淫亂，為不正之桃花，小心桃花劫而破財，星曜分佈，如一六，二七，三八，四九為「連珠格」，主應大吉之兆，但是二七為同道火，火更旺，若於七運，則為火剋七赤金，七星受制，應旺而不旺矣！須防呼吸器官，口腔之疾，腹病，刀傷，官刑，因迷信而破財之情事。

西北方【二五】同宮：

二黑五黃交加相臨，定主疾病死亡，二運尚可，過了二運，災厄立即呈現，而二五生旺，大利醫療，藥房，殯葬等業，易有頑疾纏身，脾胃病，孕婦受災，癌症，手術開刀，敗血等症，逢二黑，五黃，六白星齊到同一宮位，為天，地，人到齊，則易有陰靈，二黑雖為富星，逢旺運進財，但仍忌安床，設灶等事，土為五行之主，中為建築之基，如天子之尊，司萬物之命，切不可輕易侵犯，宜靜不宜動也，使用【銅鈴】屬金，開運化煞效果最好，土旺宜洩不宜剋。

西方【六一】同宮：

金生水之象，一白，六白皆為吉星，主武貴進財，一，六為先天河圖共宗水，主吉祥如意，發科名與財祿，並主有壽，金水相生之吉象，亦主財貴，喜慶，成名，得利之事，文章顯達升職揚名，利桃花，六白若為當令星，主發財致富，利於金屬或機械行業，但洩於一白，則利益減弱。

中宮【一四】同宮：

得令必主發文貴，易有科名，金榜題名之喜，此方最適合當書房，放書桌，安床，定出聰明雅士之人，水生木之象，異性相生，陰陽調和，四一同宮準發科名之顯，四巽綠木主文昌，利於讀書考試，升職加薪，文職之人，失運時，則主桃花。

中宮【一八】同宮：

一白與八白同宮，雖然為土剋水之象，但在一運與八運期間，均主發文才雅士，為吉利之象，生旺富貴功名可期，剋煞則易損傷病耗，而八白為財帛星，主功名進財，添丁旺子，催財最吉方，此處最適宜擺放【貔貅＋聚寶盆】招財聚財效果最好。

中宮逢【14，18】，東方逢【86】，西方逢【61】，北方逢【64】，主應有喜慶或成名得利。

東南方逢【97】，東北方逢【72】，主應火災或熱病。

東南方逢【37】，主應強盜侵害。

西北方逢【25】，主應大病損人口。

PS：凶星飛臨的方位，避免擺設尖銳之物，最適宜安置【羅盤或銅鈴】予以化煞，此處宜靜不宜動。

吉星飛臨的方位，可擺放吉祥開運物品，藉以招財納福。

第二節　以坤宅為例（坐西南朝東北）宅，年，月三星碰撞情形

坤宅，西元2015年，民國一〇四年一月飛星盤（乙未年）：

東南方逢【14】，東北方逢【68】，北方逢【81】，西北方逢【46】，主應有喜慶或成名得利。

南方逢【79】，主應火災或熱病。

南方逢【67】，主應強盜侵害。

中宮逢【25】，主應大病損人口。

中宮逢【23】，主應口舌是非不斷。

PS：雙星交會情況請查閱第四章【紫白飛星雙星加會吉凶狀況】

東南	南	西南
宅 年 月 1 2 4	宅 年 月 6 7 9	宅 年 月 8 9 2
宅 年 月 9 1 3	宅 年 月 2 3 5	宅 年 月 4 5 7
宅 年 月 5 6 8	宅 年 月 7 8 1	宅 年 月 3 4 6
東北	北	西北

第三節　以震宅為例（坐東朝西）宅，年，月三星碰撞情形

震宅，西元2016年，民國一〇五年一月飛星盤（丙申年）：

東南方逢【11】，南方逢【66】，西南方逢【88】，主應有喜慶或成名得利。

中宮逢【22】，東北方逢【55】，主應大病損人口。

中宮逢【32】，主應口舌是非不斷。

南方逢【76】，主應強盜侵害。

PS：雙星交會情況請查閱第四章【紫白飛星雙星加會吉凶狀況】

東南	南	西南
宅 年 月 2 1 1	宅 年 月 7 6 6	宅 年 月 9 8 8
宅 年 月 1 9 9	宅 年 月 3 2 2	宅 年 月 5 4 4
宅 年 月 6 5 5	宅 年 月 8 7 7	宅 年 月 4 3 3
東北	北	西北

第四節　以巽宅為例（坐東南朝西北）宅，年，月三星碰撞情形

巽宅，西元2017年，民國一〇六年一月飛星盤（丁酉年）：

東方逢【86】，中宮逢【41，18】，西方逢【61】，北方逢【64】，主應有喜慶或成名得利。

東南方逢【97】，東北方逢【72】，主應火災或熱病。

西北方逢【52】，主應大病損人口。

PS：雙星交會情況請查閱第四章【紫白飛星雙星加會吉凶狀況】

東南	南	西南
宅 年 月 3 9 7	宅 年 月 8 5 3	宅 年 月 1 7 5
宅 年 月 2 8 6	宅 年 月 4 1 8	宅 年 月 6 3 1
宅 年 月 7 4 2	宅 年 月 9 6 4	宅 年 月 5 2 9
東北	北	西北

第五節　以乾宅為例（坐西北朝東南）宅，年，月三星碰撞情形

乾宅，西元2018年，民國一〇七年一月飛星盤（戊戌年）：

南方逢【14】，西北方逢【16】，主應有喜慶或成名得利。

東方逢【73】，主應強盜侵害。

北方逢【25】，主應大病損人口。

西南方逢【32】，主應口舌是非不斷。

西方逢【27】，西北方逢【76】，主應火災或熱病。

PS：雙星交會情況請查閱第四章【紫白飛星雙星加會吉凶狀況】

東南	南	西南
宅 年 月 5 8 4	宅 年 月 1 4 9	宅 年 月 3 6 2
宅 年 月 4 7 3	宅 年 月 6 9 5	宅 年 月 8 2 7
宅 年 月 9 3 8	宅 年 月 2 5 1	宅 年 月 7 1 6
東北	北	西北

第六節　以兌宅為例（坐西朝東）宅，年，月三星碰撞情形

兌宅，西元2019年，民國一〇八年一月飛星盤（己亥年）：

東南方逢【61】，西方逢【14】，主應有喜慶或成名得利。

東北方逢【25】，主應大病損人口。

南方逢【23】，主應口舌是非不斷。

中宮逢【72】，主應火災或熱病。

北方逢【37】，東南方逢【67】，主應強盜侵害。

PS：雙星交會情況請查閱第四章【紫白飛星雙星加會吉凶狀況】

東南	南	西南
宅 年 月 6 7 1	宅 年 月 2 3 6	宅 年 月 4 5 8
宅 年 月 5 6 9	宅 年 月 7 8 2	宅 年 月 9 1 4
宅 年 月 1 2 5	宅 年 月 3 4 7	宅 年 月 8 9 3
東北	北	西北

第七節　以艮宅為例（坐東北朝西南）宅，年，月三星碰撞情形

艮宅，西元2020年，民國一〇九年一月飛星盤（庚子年）：

西方逢【11】，東方逢【66】，中宮逢【88】，主應有喜慶或成名得利。

東北方逢【22】，西南方逢【55】，主應大病損人口。

南方逢【32，23】，主應口舌是非不斷。

東南方逢【76，67】，主應強盜侵害。

PS：雙星交會情況請查閱第四章【紫白飛星雙星加會吉凶狀況】

東南	南	西南
宅 年 月 7 6 7	宅 年 月 3 2 3	宅 年 月 5 4 5
宅 年 月 6 5 6	宅 年 月 8 7 8	宅 年 月 1 9 1
宅 年 月 2 1 2	宅 年 月 4 3 4	宅 年 月 9 8 9
東北	北	西北

第八節 以離宅為例（坐南朝北）宅，年，月三星碰撞情形

離宅，西元2021年，民國一一〇年一月飛星盤（辛丑年）：

東南	南	西南
宅 年 月 8 5 4	宅 年 月 4 1 9	宅 年 月 6 3 2
宅 年 月 7 4 3	宅 年 月 9 6 5	宅 年 月 2 8 7
宅 年 月 3 9 8	宅 年 月 5 2 1	宅 年 月 1 7 6
東北	北	西北

南方逢【41】，西北方逢【16】，主應有喜慶或成名得利。

北方逢【52】，主應大病損人口。

西南方逢【32】，主應口舌是非不斷。

西方逢【27】，主應火災或熱病。

東方逢【73】，主應強盜侵害。

PS：**雙星交會情況請查閱第四章【紫白飛星雙星加會吉凶狀況】**

以上各宮位吉星飛臨再逢吉星【1，6，8】，則喜上加喜，逢凶星【2，3，5，7】，則喜星受損；同樣凶星飛臨逢吉星【1，6，8】，則凶星受損，若再逢凶星【2，3，5，7】，則凶厄加劇。

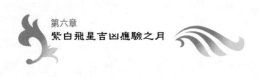

第七章
紫白飛星家中文昌位

古人讀書為聖賢，今人讀書為賺錢，雖然是一句俏皮話，卻道出了每個人對讀書、求學、求官、求功名的重視。所以文昌位的利用，就顯得更為重要，最起碼的原則文昌位絕不能是房子的廁所或廚房所在，否則容易失去判斷力，功名成就難如意，此方位一定要做制煞化煞的動作，可安置桃木蓮花八卦與五帝錢（制煞），粗鹽（吸納穢氣），黃金葛（芬芳之氣），布幔做化解，並且隨時關門，保持清潔。

陽宅文昌位

門位	文昌位
坎（北方）	離（南方）
坤（西南）	坎（北方）
震（東方）	坤（西南）
巽（東南）	震（東方）
乾（西北）	中宮
兌（西方）	乾（西北）
艮（東北）	兌（西方）
離（南方）	艮（東北）

第一節　房子開【離門＝南門】

所以文昌位在離門後天洛書數為【9】，以對宮坎【1】代入中宮飛泊。

「四綠」文昌位在房子的艮宮（東北方）。

東南	南	西南
9	5	7
8	1	3
4	6	2
東北	北	西北

第二節　房子開【艮門＝東北門】

所以文昌位在艮門後天洛書數為【8】，以對宮坤【2】代入中宮飛泊。

「四綠」文昌位在房子的兌宮（西方）。

東南	南	西南
1	6	8
9	2	4
5	7	3
東北	北	西北

第三節　房子開【兌門＝西門】

所以文昌位在兌門後天洛書數為【7】，以對宮震【3】代入中宮飛泊。

「四綠」文昌位在房子的乾宮（西北方）。

東南	南	西南
2	7	9
1	3	5
6	8	4
東北	北	西北

第四節　房子開【乾門＝西北門】

所以文昌位在乾門後天洛書數為【6】，以對宮巽【4】代入中宮飛泊。

「四綠」文昌位在房子的中宮（寄坤宮西南方）。

東南	南	西南
3	8	1
2	4	6
7	9	5
東北	北	西北

第五節　房子開【巽門＝東南門】

所以文昌位在巽門後天洛書數為【4】，以對宮乾【6】代入中宮飛泊。

「四綠」文昌位在房子的震宮（東方）。

東南	南	西南
5	1	3
4	6	8
9	2	7
東北	北	西北

第六節　房子開【震門＝東門】

所以文昌位在震門後天洛書數為【3】，以對宮兌【7】代入中宮飛泊。

「四綠」文昌位在房子的坤宮（西南方）。

東南	南	西南
6	2	4
5	7	9
1	3	8
東北	北	西北

第七節　房子開【坤門＝西南門】

所以文昌位在坤門後天洛書數為【2】，以對宮艮【8】代入中宮飛泊。

「四綠」文昌位在房子的坎宮（北方）。

東南	南	西南
7	3	5
6	8	1
2	4	9
東北	北	西北

第八節　房子開【坎門＝北門】

所以文昌位在坎門後天洛書數為【1】，以對宮離【9】代入中宮飛泊。

「四綠」文昌位在房子的離宮（南方）。

東南	南	西南
8	4	6
7	9	2
3	5	1
東北	北	西北

PS：四綠為文昌方位，可擺設文昌塔，文昌筆（共四支表示狀元，探花，榜眼，進士），文房四寶（筆，墨，硯，紙），文鎮，使用【文昌塔或文昌筆】來開運效果最佳。

第八章 紫白飛星家中財庫位

錢財雖然不是萬能，但沒有了錢財卻是什麼都不能，是故陽宅的財庫位就顯得格外重要，財庫位必須佈局得宜，要能藏風聚氣，直角方，忌門、窗、走道，財庫位一般可安置財神、貔貅、風水球、發財樹、聚寶盆、三角蟾蜍、財神袋組（招財、化煞、擋煞、鎮煞、乘煞），紫白飛星的財星是「一白」、「六白」、「八白」，亦即上元（一運、二運、三運）以一白為財星；中元（四運、五運、六運）以六白為財星；下元（七運、八運、九運）以八白為財星，。

紫白飛星派財位的選擇有三種方法，其一為【用大運】財位法，其二為【用座向】財位法，其三為【用剋位】財位法，三種方法若能同時兼顧，再配合其他派別，如形家派、八宅派、三元玄空派、乾坤國寶派，當然就是最佳的財位方，讀者若有任何問題，都可以與筆者共同研究，感恩！

第一節　第一種方法【用大運】所找出的財位

目前大運在下元八運（民國93—112年），財庫位及飛泊方式如下圖：

將【8】代入中宮飛泊，找出【八白】即是財庫位，因【八白】在房子的中宮，可寄入坤宮（西南方），則西南方就是八運的財庫位。

東南	南	西南
7	3	5
6	8	1
2	4	9
東北	北	西北

若大運在下元九運（民國113—132年），財庫位及飛泊方式如下圖：

將【9】代入中宮飛泊，找出【八白】即是財庫位，因【八白】在房子的巽宮（東南方），則東南方就是九運的財庫位。

東南	南	西南
8	4	6
7	9	2
3	5	1
東北	北	西北

第二節　第二種方法【用座向】所找出的財位

坎宅：

依住宅坐向尋找財庫位，找尋【八白】到臨方，就是該宅的財庫位。

坎宅（坐北朝南）的財庫位求法，是將（坎）的後天數【1】代入中宮飛泊，則震方為【8】，所以坎宅的財庫位在震宮【東方】，如下圖所示：

坤宅：

坤宅（坐西南朝東北）的財庫位求法，是將（坤）的後天數【2】代入中宮飛泊，則坤方為【8】，所以坤宅的財庫位在坤宮【西南方】，如下圖所示：

東南	南	西南
9	5	7
8	1	3
4	6	2
東北	北	西北

東南	南	西南
1	6	8
9	2	4
5	7	3
東北	北	西北

震宅：

震宅（坐東朝西）的財庫位求法，是將（震）的後天數【3】代入中宮飛泊，則坎方為【8】，所以震宅的財庫位在坎宮【北方】，如下圖所示：

東南	南	西南
2	7	9
1	3	5
6	8	4
東北	北	西北

巽宅：

巽宅（坐東南朝西北）的財庫位求法，是將（巽）的後天數【4】代入中宮飛泊，則離方為【8】，所以巽宅的財庫位在離宮【南方】，如下圖所示：

東南	南	西南
3	8	1
2	4	6
7	9	5
東北	北	西北

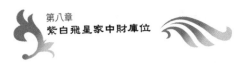

乾宅：

乾宅（坐西北朝東南）的財庫位求法，是將（乾）的後天數【6】代入中宮飛泊，則兌方為【8】，所以乾宅的財庫位在兌宮【西方】，如下圖所示：

東南	南	西南
5	1	3
4	6	8
9	2	7
東北	北	西北

兌宅：

兌宅（坐西朝東）的財庫位求法，是將（兌）的後天數【7】代入中宮飛泊，則乾方為【8】，所以兌宅的財庫位在乾宮【西北方】，如下圖所示：

東南	南	西南
6	2	4
5	7	9
1	3	8
東北	北	西北

艮宅：

艮宅（坐東北朝西南）的財庫位求法，是將（艮）的後天數【8】代入中宮飛泊，則中宮方為【8】，所以艮宅的財庫位在中宮，如下圖所示：

東南	南	西南
7	3	5
6	8	1
2	4	9
東北	北	西北

離宅：

離宅（坐南朝北）的財庫位求法，是將（離）的後天數【9】代入中宮飛泊，則巽方為【8】，所以離宅的財庫位在巽宮【東南方】，如下圖所示：

東南	南	西南
8	4	6
7	9	2
3	5	1
東北	北	西北

第三節　第三種方法【用剋位】所找出的財位

一般的財庫位坊間很多老師為了方便，都以入門對角線的方位論之，其實這只是陽宅學派當中的其中一門派別（形家陽宅學派），依八宅明鏡法，財位以生氣方為主，延年方、天醫方為次佳；乾坤國寶三元水法，財位可以在庫池位，輔卦位做佈局；三元玄空原理，可以在埃星的生氣，旺氣方做佈局。如2004～2023年為八艮運，則「山管人丁，水管財」，故以向為財，此時就可以在向星（8）艮當旺方或（9）離生氣方做佈局，但是最簡易也是最傳統的財位選擇，就是客廳入門的斜對角處，但此處必須是直角方，而且是藏風聚氣的不動方，配合諸多學派尋求財位的共通處，就是最好的財位所在。

紫白飛星法是以門去對應，所找出的財位與旺位，尋財位須以中宮之五行，剋八宮五行者為財位，生中宮或與中宮五行相同者為生旺位，有很多住宅或店面工廠在財位上並不適合佈置，是故藉以生旺位代之亦可。

紫白飛星派財位表

門位	財位	方位	旺位	方位
坎 北方	震坤	東或西南	離艮	南或東北
坤 西南	兌	西	乾艮	西北或東北
震 東方	坎坤	北或西南	離乾巽	南或西北或東南
巽 東南	震坤	東或西南	坎乾兌	北或西北或西
乾 西北	震離	東或南	巽坤	東南或西南
兌 西方	巽坎	東南或北	震乾	東或西北
艮 東北	巽	東南	震坤	東或西南
離 南方	巽	東南	坎坤	北或西南

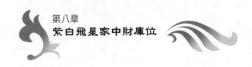

第九章

紫白飛星姻緣子息篇

中國傳統文化中有句話：「男大當婚，女大當嫁。」這算是一句俗語，出自於儒家的主張，但是卻有愈來愈多人挑戰這項原則，或許是現代人愈來愈有自主權的關係，古人云：「養兒防老，積穀防飢。」傳統中國社會認為「不孝有三，無後為大。」娶妻生子一直被認為是天經地義的事，若姻緣不現或難有子息，做父母的當然會心急，而站在研究陽宅學的理論來談，我們也提供了一些方法讓真的想結婚，想生兒育女的人，一些陽宅改善法，效果非常顯著，不妨試看看喔！

第一節　想結婚而姻緣不現，如何調整

桃花位分為本命桃花，宅桃花，流年桃花三種，都可以用同樣方式來催旺。

1、本命桃花：生肖申子辰在酉方（西方）。

生肖巳酉丑在午方（南方）。

生肖寅午戌在卯方（東方）。

生肖亥卯未在子方（北方）。

2、住宅桃花：坐北向南（坎宅）→桃花位在酉（西方）。

坐南向北（離宅）→桃花位在卯（東方）。
坐東向西（震宅）→桃花位在子（北方）。
坐西向東（兌宅）→桃花位在午（南方）。
坐東南向西北（巽宅）→桃花位在子（北方）。
坐西北向東南（乾宅）→桃花位在午（南方）。
坐東北向西南（艮宅）→桃花位在酉（西方）。
坐西南向東北（坤宅）→桃花位在酉（西方）。

3、流年桃花：以流年地支為主，年份與生肖相同。

流年申子辰在酉方（西方）。
流年巳酉丑在午方（南方）。
流年寅午戌在卯方（東方）。
流年亥卯未在子方（北方）。

一般均在房子的房間佈置個人桃花，因為住宅桃花乃針對家中的每一份子，若有已婚者住在房子的其中，走「桃花運」卻都是負面的多，稱之為「濫桃花」或是「桃花劫」。

桃花運是一種力量，是男女愛情中無法解釋的吸引力，桃花運不能說是吉或凶，如同青春期一樣是人生必經的過程，會招桃花的人異性緣都極好，但有時自己的濫情反而會有不好的事情發生，所以這就是為什麼有些人需要斬桃花的原因。

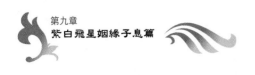

姻緣較慢的朋友，可以在自己的房間做以下的佈置來催旺姻緣桃花：

個人先天桃花位催旺法

出生年支	桃花位五行	花瓶顏色	花朵數目	轉運金牌
亥(豬)**卯**(兔)**未**(羊)	子 1·6 水	金	1·6	子
巳(蛇)**酉**(雞)**丑**(牛)	午 2·7 火	木	2·7	午
寅(虎)**午**(馬)**戌**(狗)	卯 3·8 木	水	3·8	卯
申(猴)**子**(鼠)**辰**(龍)	酉 4·9 金	黃	4·9	酉

以房間的正中心做定位，用指北針定位後，找出各生肖的桃花位，擺花瓶要插鮮花，花謝了，馬上換掉，至少要七次以上，才可以停止不擺花，在睡覺前要用心冥想結婚的場景，日子必須持續7×7天，共49天，同時可以在房間佈置一些柔性溫馨的圖，這樣一來，姻緣就會悄悄進來。

最方便的法門，就是身上帶著個人所屬的轉運金牌，效果最佳。

如桃花位與五黃位同宮不用

所以桃花運的吉凶是因人而異，有人因招桃花而榮華富貴，也有人因斬桃花而破財傷身，甚至是死於非命，所以在如何處理桃花運上面要特別的小心，而桃花運有三種，第一種是命招桃花，這種人異性緣極好，會走一輩子的桃花運。第二種是大運桃花，這種人只會走十年的桃花運。而第三種是流年桃花，最後這種人只會走一年的桃花運。

如何招桃花密技：

1、找一棵桃花樹，以順時針的方式繞著桃花樹走，順時針為木→火→土→金→水相生，逆時針為木→土→水→火→金相剋，並且隨身佩帶或攜帶【桃木蓮花八卦】，就會有招來好桃花的效果。之後從桃花樹上折一枝樹枝（往東方生長的樹枝，取其日出東方，生生不息之意），長度大約15公分，用一條紅線繞著樹枝綁，接著放在枕頭下睡覺，日以繼夜，就會招到好桃花。

2、在月圓之夜的子時，在床的兩側放一個花瓶，插上兩支粉紅色的百合，男生放在床的右邊，女生放在床的左邊，每天睡覺之前，對著百合唸著您心愛人的姓名（有生辰八字更好），每次唸七遍以上，七七四十九天之後，好桃花便會悄悄進來了。

3、誠心誠意的向四面佛許願，說出心中所期望的對象與條件。

4、以上方法同時使用，效應更佳。

如何斬桃花密技：

1、找一棵桃花樹，折一枝桃花樹枝去掉頭尾，接著在桃枝兩端綁上紅線，兩端各綁上六個死結，總共十二個死結，代表著十二個月的桃花運，然後放在欲斬桃花之人的枕頭下，如此便會有斬桃花的效果。

2、在房間放一把桃木劍，就會有斬桃花的功效，重拾另一半對您的愛意，當伴侶的心定下來之後，在外面也就比較不會拈花惹草了。

3、戴水晶或使用桃花符令，粉紅色象徵愛情，黑色代表死亡，常常穿粉紅色的衣服容易帶來桃花運，而時常穿黑色的衣服卻代表遠離桃花，因此戴上粉色水晶就會有招桃花的效果，而戴上黑色水晶則有斬桃花的意味。

4、誠心誠意的向四面佛許願，說出心中想斬桃花的緣由。

5、以上方法同時使用，效應更佳。

PS：要招好桃花或斬桃花，用法術符令也可以，但一定要找到好老師喔！

第二節　想生子而孩子緣不現，如何調整

茲因【某某某】是【坎命】，所以以下之宅（座）或宅（向），要特別留意才是。

坎命忌艮宅或艮向（東北）之宅：

因坎卦屬水，艮宅為八白飛入中宮，八白屬土，五行上是土剋水，兩者形成相剋，所以坎命卦之人忌住艮宅，艮向，艮運（座東北）或宅（向東北）。

惟其身上若帶有金項鍊，手鐲，戒指或手錶等屬金之物件者，則因金能生水，五行相生，故可加以制化，解其凶象，其餘情形亦可仿此法加以制化。

茲因【某某某】是【坤命】，所以以下之宅（座）或宅（向），要特別留意才是。

坤命忌巽宅或巽向（東南）之宅：

因坤卦屬土，巽宅為四綠飛入中宮，四綠屬木，五行上是木剋土，兩者形成相剋，所以坤命卦之人，忌住巽宅，巽向，巽運（座東南）或宅（向東南）。

茲因【某某某】是【震命】，所以以下之宅（座）或宅（向），要特別留意才是。

震命忌乾宅或乾向（西北）之宅：

因震卦屬木，乾宅為六白飛入中宮，六白屬金，五行上是金剋木，兩者形成相剋，所以

震命卦之人，忌乾宅，乾向，乾運（座西北）或宅（向西北）。

茲因【某某某】是【巽命】，所以以下之宅（座）或宅（向），要特別留意才是。

巽命忌兌宅或兌向（西）之宅：

因巽卦屬木，兌宅為七赤飛入中宮，七赤屬金，五行上是金剋木（陰金剋陰木為正剋），兩者形成相剋，所以巽命卦之人，忌兌宅，兌向，兌運（座西）或宅（向西）。

茲因【某某某】是【乾命】，所以以下之宅（座）或宅（向），要特別留意才是。

乾命忌離宅或離向（南）之宅：

因乾卦屬金，離宅為九紫飛入中宮，九紫屬火，五行上是火剋金，兩者形成相剋，所以乾命卦之人，忌離宅，離向，離運（座南）或宅（向南）。

茲因【某某某】是【兌命】，所以以下之宅（座）或宅（向），要特別留意才是。

兌命忌離宅或離向（南）之宅：

因兌卦屬金，離宅為九紫飛入中宮，九紫屬火，五行上是火剋金，兩者形成相剋，所以兌命卦之人，忌離宅，離向，離運（座南）或宅（向南）。

茲因【某某某】是【艮命】，所以以下之宅（座）或宅（向），要特別留意才是。

艮命不忌任何方位的房子：

因艮為八白，震為三碧，兩者在河圖形成合於生成之數，故宅向為何方較不忌。

茲因【某某某】是【離命】，所以以下之宅（座）或宅（向），要特別留意才是。

離命不忌任何方位的房子：

因離為九紫，坎為一白，兩者在洛書形成合十，故宅向為何方較不忌，惟實務上，仍以避之為吉。

PS：總而言之，當命卦星受宅，向，運三者剋約之際，實宜注意謀求制化之道，而依五行相生，比旺或通關之原則，加以化解其凶象，或預防凶象之發生。

如民國八十七年，屬於七運，七赤兌金剋四綠巽木，所以巽命卦之人受大運剋約之際，宜以黑色，藍色系列之服飾制化，因五行之木屬青色，或擇坎宅而居之，因坎宅屬水，五行之金生水，金水相生，水又生木，故符合「通關」之原則。

又如民國一〇三年，屬於八運，八艮土剋水，所以坎命卦之人受大運剋約之際，宜以白色，銀色系列之服飾制化，因五行之金屬白色，或擇乾宅或兌宅而居之，因乾或兌宅屬金，五行之土生金，土金相生，金又生水，是符合「通關」之原則。

第十章 屋宅『開門大吉』佈局法

古有一說：開對門，富貴連連；開錯門，衰運連連，以下建議讓您未來買屋，選屋時，作為參考的依據。

八卦方位度數表

0	225	90	135	315	270	45	180
坎	**坤**	**震**	**巽**	**乾**	**兌**	**艮**	**離**
北	西南	東	東南	西北	西	東北	南

第一節　坎宅開門直接斷吉凶訣

坎宅（座北朝南），依照開門大法理論宅運會有以下現象：

1、**坎乾二卦：**

互相不宜開門，乾為坎之六煞方（文曲星），坎亦如之，文曲入宅，主男女無恥，乃內金生外水，雖財運好，但有墮胎之厄。

2、**坎坤二卦：**

互相不宜開門，坤為坎之絕命方（破軍星），坎亦如之，破軍入宅，主剋中男，損小口，女人管家，雖有財運，但災厄難免。

3、坎艮二卦：

互相不宜開門，艮為坎之五鬼方（廉貞星），坎亦如之，廉貞入宅，宮乃水土相剋，星乃水火相煎，損幼投河自縊，官訟火盜，子孫不孝。

4、坎兌二卦：

互相不宜開門，兌為坎之禍害方（祿存星），坎亦如之，祿存入宅，主男女不利，盜賊，官災，產難。

5、坎震二卦：

互相可以開門，震為坎之天醫方（巨門星），坎亦如之，巨門入宅，主子孫富貴，財利廣進，惟恐有損妻財。

6、坎巽二卦：

互相可以開門，巽為坎之生氣方（貪狼星），坎亦如之，貪狼入宅，故主財旺婦貴，居官爵祿，子孫賢孝。

7、坎離二卦：

互相可以開門，離為坎之延年方（武曲星），坎亦如之，武曲入宅，主子子孫孫旺財寶，定生三個賢良子。

生氣 巽	延年 離	絕命 坤
天醫 震	**坎宅**	禍害 兌
五鬼 艮	伏位 坎	六煞 乾

第二節　坤宅開門直接斷吉凶訣

坤宅（座西南朝東北），依照開門大法理論宅運會有以下現象：

1、坤坎二卦：

互相不宜開門，坎為坤之絕命方（破軍星），坤亦如之，破軍星入宅，乃母親跟子女比較不合，主剋中男，損小口，婦女墮胎，官訟口舌，敗財，胃脾之疾病，陰旺陽衰，婦人持家，宮剋宮有災厄，星生宮雖有財，但災厄難免。

2、坤震二卦：

互相不宜開門，震為坤之禍害方（祿存星），坤亦如之，祿存星入宅，老母先亡，墮胎癆疾，主桃花，先損妻財，後損人丁，此乃宮剋宮之害矣。

3、坤巽二卦：

互相不宜開門，巽為坤之五鬼方（廉貞星），坤亦如之，廉貞星入宅，宮剋宮木土相剋，主老母多災，難產，火災，盜賊，傷殘，疾病連綿不斷，陰盛陽衰，女人掌權，並有瓦斯中毒傷亡。

4、坤離二卦：

互相不宜開門，離為坤之六煞方（文曲星），坤亦如之，文曲星入宅，宮剋星，星剋宮，水火土互相剋戰，主桃花相侵，損婦人，退財業，墮胎。

5、坤乾二卦：

坤宅開門宜開在乾方為延年方（武曲星），主夫妻和睦恩愛。

6、坤艮二卦：

坤宅開門宜開艮方為生氣方（貪狼星），主世代受國家之官祿。

7、坤兌二卦：

坤宅開門宜開兌方為天醫方（巨門星），主子孫富貴，延年益壽。

絕命 坎	生氣 艮	禍害 震
延年 乾	**坤宅**	五鬼 巽
天醫 兌	伏位 坤	六煞 離

第三節　震宅開門直接斷吉凶訣

震宅（座東朝西），依照開門大法理論宅運會有以下現象：

1、震乾二卦：

互相不宜開門，乾為震之五鬼方（廉貞星），震亦如之，廉貞入宅，金剋木，故老翁長子受災。

2、震坤二卦：

互相不宜開門，坤為震之禍害方（祿存星），震亦如之，祿存入宅，宮來剋星，木土相戰，女人桃花相侵，故傷婦，損人丁，墮胎，損財。

3、震艮二卦：

互相不宜開門，艮為震之六煞方（文曲星），震亦如之，文曲入宅，土來剋水，火盜官非，婦女產難少亡，不利少男。

4、震兌二卦：

互相不宜開門，兌為震之絕命方（破軍星），震亦如之，破軍入宅，主傷長子，恐有盜賊之災。

5、震離二卦：

互相可以開門，離為震之生氣方（貪狼星），震亦如之，貪狼入宅，木火通明，貴仕明現，大房，二房大利。

6、**震巽二卦：**

互相可以開門，巽為震之延年方（武曲星），震亦如之，武曲入宅，富貴人丁旺，但震宮受星剋也，主長男患病，筋骨痛症，剋妻損子。

7、**震坎二卦：**

互相可以開門，坎為震之天醫方（巨門星），震亦如之，巨門入宅，宮生宮故富貴，宮剋星則損妻子，長男受災，敗財損畜。

禍害 坤	絕命 兌	五鬼 乾
生氣 離	**震宅**	天醫 坎
延年 巽	伏位 震	六煞 艮

第四節　巽宅開門直接斷吉凶訣

巽宅（座東南朝西北），依照開門大法理論宅運會有以下現象：

1、巽乾二卦：

互相不宜開門，乾為巽之禍害方（祿存星），巽亦如之，祿存入宅，主長婦早亡，墮胎產難，男生風疾，兄弟不和。

2、巽坤二卦：

互相不宜開門，坤為巽之五鬼方（廉貞星），巽亦如之，廉貞入宅，木土相剋，主老母多災難，火災，盜賊，傷殘，帶病延年。

3、巽艮二卦：

互相不宜開門，艮為巽之絕命方（破軍星），巽亦如之，破軍入宅，主少男不利，長婦墮胎，火盜破財，久居敗絕。

4、巽兌二卦：

互相不宜開門，兌為巽之六煞方（文曲星），巽亦如之，文曲入宅，主子孫瘋癲，火盜災害，桃花風聲不斷。

5、巽震二卦：

互相可以開門，震為巽之延年方（武曲星），巽亦如之，武曲入宅，主富貴雙全，財源廣進，田產豐厚。

6、巽離二卦：

互相可以開門，離為巽之天醫方（巨門星），巽亦如之，巨門入宅，主益財，婦人掌家，子孫稀少。

7、巽坎二卦：

互相可以開門，坎為巽之生氣方（貪狼星），巽亦如之，貪狼入宅，主財旺出賢人，長女福蔭。

六煞 兌	禍害 乾	生氣 坎
五鬼 坤	**巽宅**	絕命 艮
天醫 離	伏位 巽	延年 震

第五節　乾宅開門直接斷吉凶訣

乾宅（座西北朝東南），依照開門大法理論宅運會有以下現象：

1、乾坎二卦：

互相不宜開門，坎為乾之六煞方（文曲星），乾亦如之，主男女淫亂桃花，內金生外水雖言相生，但有盜賊墮胎小產之患，並有溺死之厄。

2、乾震二卦：

互相不宜開門，震為乾之五鬼方（廉貞星），乾亦如之，金來剋木，傷長子，火去傷金，傷老父，此乃星剋宮，宮剋宮也，主火災盜賊官訟牢獄之厄，父子不和。

3、乾巽二卦：

互相不宜開門，巽為乾之禍害方（祿存星），乾亦如之，謂之宮剋宮，乃老父剋長女，主墮胎產亡，兄弟不和，婦人自縊，祿存屬土星，土生金（宮），雖有財，但難免有上述之諸病症。

4、乾離二卦：

互相不宜開門，離為乾之絕命方（破軍星），乾亦如之，乃星宮相剋，謂之金火相煎，老父肺癆，少婦災傷，邪魔纏害，火盜相侵，日久破財絕嗣敗絕。

5、乾坤二卦：

乾宅開門宜開在坤方為延年方（武曲星），主富貴多金人長壽。

6、乾艮二卦：

乾宅開門宜開在艮方為天醫方（巨門星），主代代腰金人丁旺。

7、乾兌二卦：

乾宅開門宜開在兌方為生氣方（貪狼星），主代代腰金人丁旺。

五鬼 震	禍害 巽	絕命 離
天醫 艮	**乾宅**	延年 坤
六煞 坎	伏位 乾	生氣 兌

第六節　兌宅開門直接斷吉凶訣

兌宅（座西朝東），依照開門大法理論宅運會有以下現象：

1、兌坎二卦：

互相不可開門，坎為兌之禍害方（祿存星），兌亦如之，祿存入宅，外剋內，主男女不利，盜賊官災，產難，雖富亦不免有災厄。

2、兌震二卦：

互相不可開門，震為兌之絕命方（破軍星），兌亦如之，破軍入宅，金木相剋，定傷長男，陽衰陰盛，主盜賊，受刀槍之災。

3、兌巽二卦：

互相不可開門，巽為兌之六煞方（文曲星），兌亦如之，文曲入宅，金木相剋，主長婦，老母，子孫，淫蕩癲瘋。

4、兌離二卦：

互相不可開門，離為兌之五鬼方（廉貞星），兌亦如之，廉貞入宅，主火災產難，敗盡少年郎。

5、兌坤二卦：

互相可以開門，坤為兌之天醫方（巨門星），兌亦如之，天醫入宅，星宮相比，土金相生，主旺財，但土太重，不宜久住，異性同居後絕嗣。

6、兌乾二卦：

互相可以開門，乾為兌之生氣方（貪狼星），兌亦如之，貪狼入宅，主旺財，女性桃花，損老翁。

7、兌艮之宅：

互相可以開門，艮為兌之延年方（武曲星），兌亦如之，武曲入宅，土金相生，易旺少男，人口興旺，子孫富貴發科甲。

延年 艮	絕命 震	六煞 巽
禍害 坎	**兌宅**	五鬼 離
生氣 乾	伏位 兌	天醫 坤

第七節　艮宅開門直接斷吉凶訣

艮宅（座東北朝西南），依照開門大法理論宅運會有以下現象：

1、艮坎二卦：

互相不宜開門，坎為艮之五鬼方（廉貞星），艮亦如之，廉貞入宅，星宮相剋，主小口犯邪魔，投河自縊，長子不孝夭亡，官事盜賊之患。

2、艮震二卦：

互相不宜開門，震為艮之六煞方（文曲星），艮亦如之，文曲入宅，土來剋水，火盜官非，婦女產厄，少亡，雷電傷亡。

3、艮巽二卦：

互相不宜開門，巽為艮之絕命方（破軍星），艮亦如之，破軍入宅，木來剋土，小兒不利，墮胎，瘋顛，先傷子孫後損婦女，小心瓦斯中毒。

4、艮離二卦：

互相不可開門，離為艮之禍害方（祿存星），艮亦如之，祿存入宅，主少房絕嗣，子女有邪淫之患或火災。

5、艮坤二卦：

互相可以開門，坤為艮之生氣方（貪狼星），艮亦如之，貪狼入宅，星剋宮，初時人財興旺，久住終必衰敗。

6、艮兌二卦：

互相可以開門，兌為艮之延年方（武曲星），艮亦如之，增福少男發科甲。

7、艮乾二卦：

互相可以開門，乾為艮之天醫方（巨門星），艮亦如之，巨門入宅，土金相生，故主子孫富而好禮。

禍害 離	生氣 坤	延年 兌
絕命 巽	**艮宅**	天醫 乾
六煞 震	伏位 艮	五鬼 坎

第八節　離宅開門直接斷吉凶訣

離宅（座南朝北），依照開門大法理論宅運會有以下現象：

1、離乾二卦：

互相不宜開門，乾為離之絕命方（破軍星），離亦如之，破軍入宅，火剋金，故老翁中女受災。

2、離坤二卦：

互相不宜開門，坤為離之六煞方（文曲星），離亦如之，文曲入宅，宮星相剋，水火互戰，女人桃花相侵，損婦人。

3、離艮二卦：

互相不宜開門，艮為離之禍害方（祿存星），離亦如之，祿存入宅，小房敗絕，少男與中女姦淫，父子不和。

4、離兌二卦：

互相不宜開門，兌為離之五鬼方（廉貞星），離亦如之，廉貞入宅，主血光，產難。

5、離震二卦：

互相可以開門，震為離之生氣方（貪狼星），離亦如之，貪狼入宅，木火通明，貴仕明現，大房，二房大利。

6、離巽二卦：

互相可以開門，巽為離之天醫方（巨門星），離亦如之，巨門入宅，星宮生剋互見，故益財利，子孫稀少，寡婦持家。

7、離坎二卦：

互相可以開門，坎為離之延年方（武曲星），離亦如之，武曲入宅，丁財兩旺，但延年金星受火剋，久居家業虛耗，又主眼目受傷。

絕命 乾	延年 坎	禍害 艮
五鬼 兌	**離宅**	生氣 震
六煞 坤	伏位 離	天醫 巽

PS：總而言之，當房子已經買了，雖有開錯門的遺憾，但一定有解決的辦法，注意謀求制化之道，而依五行相生，比旺或通關之原則，加以化解其凶象即可，可用大門顏色或沙發顏色或引財龍銀等方式來破解。

第十一章
九星水法與砂法斷吉凶

九星水法對於來龍配坐向，必須符合淨陰淨陽，亦即「陽龍配陽向，陰龍配陰向，」而「砂」，泛指高大的物體或建築物，其形體及方位與本宅產生五行生剋的吉凶，正是撥砂要訣。

第一節　九星水法論本宅吉凶

九星水法是以向為依，上起輔弼翻卦，因此又稱為輔星水法，以地盤正針立向，看來水與去水則以天盤縫針定之。

九星順序為輔弼、武曲、破軍、廉貞、貪狼、巨門、祿存、文曲，以【輔弼、貪狼、巨門、武曲為吉星；破軍、祿存、文曲、廉貞為凶星，】係取其淨陰淨陽，奇配奇，偶配偶，陰陽不雜之義，陰水來立陰向，陽水來立陽向，即經云之「陽向水來陽，富貴百年昌，陰向水來陰，富貴斗量金。」如來水收吉星，去水又出吉星，則先吉後凶；如來水收凶星，去水又出吉星，則為敗局。

一、九星水法論述斷語

收輔弼水：又名「伏位」主應家運昌隆，財運富足，貴人多助，子孫賢孝，得之，主官

出輔弼水：退運破財，血光車禍，小人中傷，子孫暴戾。貴祿位，孝慈呈祥，男為駙馬，女為宮妃，一四七房發，甲乙亥卯未年應。

收武曲水：又名「延年」，主應科甲，富貴雙全，延年益壽，武貴科名，財丁兩旺，出聰明賢孝之子孫，二五八房發，庚辛巳酉丑年應。

出武曲水：家業退敗，血光車禍，出愚笨，頑劣之子孫。

收破軍水：又名「絕命」，「天罡」，主出兇暴之徒，官非糾紛，好勇鬥狠，破財損丁，車禍血光，一四七房應，庚辛巳酉丑年應。

出破軍水：財運順暢，家庭和諧，子孫英勇，官場如意。

收廉貞水：又名「五鬼」，主出忤逆無禮，欺詐劫持之徒，血光官非，婚破孤寡，不癒之症，破財損丁，車禍血光，一四七房應，丙丁寅午戌年應。

出廉貞水：家業順利，財源廣進，官場如意，五鬼運財。

收貪狼水：又名「生氣」，主人丁大旺，聰明孝友，財帛旺盛，福澤綿延，家庭迪吉，富貴雙全，先勞後發，三六九房發，甲乙亥卯未年應。

出貪狼水：車禍血光，子孫叛逆，財產敗盡，好酒貪淫。

收巨門水：又名「天醫」，主聰明孝友，出神童，發財又長壽，人丁興旺，財帛豐沛，子孫聰明，二五八房發，戊己辰戌丑未年應。

出巨門水：疾病纏身，家道中落，財運退敗，子孫頑劣。

收祿存水：又名「禍害」，主愚頑狂妄，四處流離，淫亂敗財，離婚孤寡，身體殘缺，車禍血光，孤寡聾啞，財運退敗，三六九房應，戊己辰戌丑未年應。

出祿存水：財源廣進，節儉守財，家庭和樂，子孫順利。

收文曲水：又名「六煞」，遊蕩好閒，貪色，子孫不孝，破財損丁，安逸享樂，酒賭淫亂，耳聵眼疾，水厄跛腳，一四七房應，壬癸申子辰年應。

出文曲水：聰明上進，娛樂事業有成，財源廣進，健康平安。

水勢大，其影響吉凶之力亦大；水勢小，其影響吉凶之力亦小，水明現照印，其應驗迅速；水不明現照印，其應驗較緩。

如果本宅為【艮山坤向】，【以向為依據】。

以九星水法來論，本宅的來水從巽方（東南）來水（路），由乾方（西北）去水（路），對本宅為凶。

收祿存水：又名「禍害」，主愚頑狂妄，四處流離，淫亂敗財，離婚孤寡，身體殘缺，車禍血光，孤寡聾啞，財運退敗，三六九房應，戊己辰戌丑未年應。

出巨門水：疾病纏身，家道中落，財運退敗，子孫頑劣。

PS：經診斷是收好水那要恭喜您！如果收壞水，則可用風水球或引財龍銀來改變磁場，則可趨吉避凶，一路順遂。

二、九星水法房份論斷吉凶

1、水法房份分為：一四七房在右，二五八房在左，三六九房在向。

2、右水倒左，先發長房；左水倒右，先發二房；當面朝水，先發三房。

3、如立陽向，左水倒右，左為陽水來，右為陰水去，即發二五八房，一四七房貧。

4、如立陰向，右水倒左，左為陽水來，右為陰水去，即發一四七房，二五八房貧。

5、若堂前陽水朝來，則二房發；陰水朝來，則三房貧。

三、九星納甲法

納甲法是九星山法與水法的要訣，就是要將天干五行與八卦相連貫，而納甲之陰陽，即卦之陰陽；卦之陰陽，即河洛之陰陽。

歌訣曰：「乾納甲，坤納乙，艮納丙，巽納辛，兌納丁（巳酉丑），震納庚（亥卯未），離納壬（寅午戌），坎納癸（申子辰）。」此乃納甲法。

九星水法又稱「輔星翻卦法」，亦即將納甲之法，佐以九星之名而取之。

翻卦掌訣如下：「邊起邊止，上起下止，下起上止，中起中止」遁之。

此法以向為輔弼，依翻卦掌訣順序為「輔（輔弼），武（武曲），破（破軍），廉（廉貞），貪（貪狼），巨（巨門），祿（祿存），文（文曲）」，以輔弼，貪狼，巨門，武曲為吉星；破軍，祿存，文曲，廉貞為凶星，翻得吉星來水為吉，翻得凶星來水則凶。

離（壬寅午戌）	巽（辛）	坤（乙）	兌（丁巳酉丑）
乾（甲）	艮（丙）	坎（癸申子辰）	震（庚亥卯未）

1、坎向

如以坎向為輔弼，翻卦順序如下圖：

離（巨門）	巽（文曲）	坤（武曲）	兌（廉貞）
乾（貪狼）	艮（祿存）	坎（輔弼）	震（破軍）

坎（輔弼）→坤（武曲）→震（破軍）→兌（廉貞）→乾（貪狼）→離（巨門）→艮（祿存）→巽（文曲）。

向首		九星	
坎卦	申子辰癸	八	輔弼
坤卦	坤乙	六	武曲
震卦	亥卯未庚	七	破軍
兌卦	巳酉丑丁	五	廉貞
乾卦	乾甲	一	貪狼
離卦	寅午戌壬	二	巨門
艮卦	艮丙	三	祿存
巽卦	巽辛	四	文曲

2、坤向

如以坤向為輔弼，翻卦順序如下圖：

離（貪狼）	巽（祿存）	坤（輔弼）	兌（破軍）
乾（巨門）	艮（文曲）	坎（武曲）	震（廉貞）

坤（輔弼）→坎（武曲）→兌（破軍）→震（廉貞）→離（貪狼）→乾（巨門）→巽（祿存）→艮（文曲）。

向首		九星	
坤卦	坤乙	八	輔弼
坎卦	申子辰癸	六	武曲
兌卦	巳酉丑丁	七	破軍
震卦	亥卯未庚	五	廉貞
離卦	寅午戌壬	一	貪狼
乾卦	乾甲	二	巨門
巽卦	巽辛	三	祿存
艮卦	艮丙	四	文曲

3、震向

如以震向為輔弼，翻卦順序如下圖：

離（文曲）	巽（巨門）	坤（廉貞）	兌（武曲）
乾（祿存）	艮（貪狼）	坎（破軍）	震（輔弼）

震（輔弼）→兌（武曲）→坎（破軍）→坤（廉貞）→艮（貪狼）→巽（巨門）→乾（祿存）→離（文曲）。

向首		九星	
震卦	亥卯未庚	八	輔弼
兌卦	巳酉丑丁	六	武曲
坎卦	申子辰癸	七	破軍
坤卦	坤乙	五	廉貞
艮卦	艮丙	一	貪狼
巽卦	巽辛	二	巨門
乾卦	乾甲	三	祿存
離卦	寅午戌壬	四	文曲

4、巽向

如以巽向為輔弼，翻卦順序如下圖：

離（破軍）	巽（輔弼）	坤（祿存）	兌（貪狼）
乾（廉貞）	艮（武曲）	坎（文曲）	震（巨門）

巽（輔弼）→艮（武曲）→離（破軍）→乾（廉貞）→
兌（貪狼）→震（巨門）→坤（祿存）→坎（文曲）。

向首		九星	
巽卦	巽辛	八	輔弼
艮卦	艮丙	六	武曲
離卦	寅午戌壬	七	破軍
乾卦	乾甲	五	廉貞
兌卦	巳酉丑丁	一	貪狼
震卦	亥卯未庚	二	巨門
坤卦	坤乙	三	祿存
坎卦	申子辰癸	四	文曲

5、乾向

如以乾向為輔弼，翻卦順序如下圖：

離（武曲）	巽（廉貞）	坤（巨門）	兌（文曲）
乾（輔弼）	艮（破軍）	坎（貪狼）	震（祿存）

乾（輔弼）→離（武曲）→艮（破軍）→巽（廉貞）→坎（貪狼）→坤（巨門）→震（祿存）→兌（文曲）。

向首			九星
乾卦	乾甲	八	輔弼
離卦	寅午戌壬	六	武曲
艮卦	艮丙	七	破軍
巽卦	巽辛	五	廉貞
坎卦	申子辰癸	一	貪狼
坤卦	坤乙	二	巨門
震卦	亥卯未庚	三	祿存
兌卦	巳酉丑丁	四	文曲

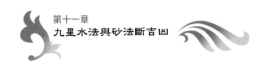

6、兌向

如以兌向為輔弼，翻卦順序如下圖：

離（祿存）	巽（貪狼）	坤（破軍）	兌（輔弼）
乾（文曲）	艮（巨門）	坎（廉貞）	震（武曲）

兌（輔弼）→震（武曲）→坤（破軍）→坎（廉貞）→巽（貪狼）→艮（巨門）→離（祿存）→乾（文曲）。

向首		九星
兌卦	巳酉丑丁	八 輔弼
震卦	亥卯未庚	六 武曲
坤卦	坤乙	七 破軍
坎卦	申子辰癸	五 廉貞
巽卦	巽辛	一 貪狼
艮卦	艮丙	二 巨門
離卦	寅午戌壬	三 祿存
乾卦	乾甲	四 文曲

7、艮向

如以艮向為輔弼，翻卦順序如下圖：

離（廉貞）	巽（武曲）	坤（文曲）	兌（巨門）
乾（破軍）	艮（輔弼）	坎（祿存）	震（貪狼）

艮（輔弼）→巽（武曲）→乾（破軍）→離（廉貞）→震（貪狼）→兌（巨門）→坎（祿存）→坤（文曲）。

向首		九星	
艮卦	艮丙	八	輔弼
巽卦	巽辛	六	武曲
乾卦	乾甲	七	破軍
離卦	寅午戌壬	五	廉貞
震卦	亥卯未庚	一	貪狼
兌卦	巳酉丑丁	二	巨門
坎卦	申子辰癸	三	祿存
坤卦	坤乙	四	文曲

8、離向

如以離向為輔弼，翻卦順序如下圖：

離（輔弼）	巽（破軍）	坤（貪狼）	兌（祿存）
乾（武曲）	艮（廉貞）	坎（巨門）	震（文曲）

離（輔弼）→乾（武曲）→巽（破軍）→艮（廉貞）→坤（貪狼）→坎（巨門）→兌（祿存）→震（文曲）。

向首			九星
離卦	寅午戌壬	八	輔弼
乾卦	乾甲	六	武曲
巽卦	巽辛	七	破軍
艮卦	艮丙	五	廉貞
坤卦	坤乙	一	貪狼
坎卦	申子辰癸	二	巨門
兌卦	巳酉丑丁	三	祿存
震卦	亥卯未庚	四	文曲

九星納甲法—翻卦掌訣順序表

卦別		乾卦	坤卦	震卦	巽卦	坎卦
		陽	陽	陰	陰	陽
輔星氣	人倫	老父	老母	長男	長女	中男
	廿四向	甲乾	乙坤	未卯亥庚	辛巽	辰子申癸
巨門		乙坤	甲乾	辛巽	卯庚未亥	午壬戌寅
武曲		午壬戌寅	子癸辰申	丑巳丁酉	丙艮	乙坤
輔弼		甲乾	乙坤	卯庚未亥	辛巽	子癸辰申
貪狼		子癸辰申	午壬戌寅	丙艮	丁丑巳酉	甲乾
破軍		丙艮	丁丑巳酉	子癸辰申	午壬戌寅	卯庚未亥
祿存		卯庚未亥	辛巽	甲乾	乙坤	丙艮
文曲		丁丑巳酉	丙艮	午壬戌寅	子癸辰申	辛巽
廉貞		辛巽	未卯亥庚	乙坤	甲乾	丑酉巳丁

兌卦	艮卦	離卦
陰	陰	陽
少女	少男	中女
丑酉巳丁	丙艮	戌午寅壬
丙艮	丁丑巳酉	子癸辰申
卯庚未亥	辛巽	甲乾
丁丑巳酉	丙艮	午壬戌寅
辛巽	卯庚未亥	乙坤
乙坤	甲乾	辛巽
午壬戌寅	子癸辰申	丁丑巳酉
甲乾	乙坤	卯庚未亥
辰子申癸	戌午寅壬	丙艮

第二節　九星砂法論本宅吉凶

九星水法是以立向來納甲，九星砂法則是以座山（地盤正針）來納甲，翻卦順序為「輔弼，貪狼，巨門，祿存，文曲，廉貞，武曲，破軍，」與九星水法略有不同，但同樣以【輔弼，貪狼，巨門，武曲為吉星；破軍，祿存，文曲，廉貞為凶星。】

依屋宅之坐山或來龍（地盤正針），看前後左右四周之山峰立於何方位（人盤中針），由坐山或來龍所屬之卦起爻變，吉星位置的山峰要高大豐滿；祿存，文曲，廉貞，破軍等凶星所在的砂峰，則要低伏矮小。

一、九星砂法納甲法

歌訣曰：「乾納甲，坤納乙，艮納丙，巽納辛，兌納丁（巳酉丑），震納庚（亥卯未），離納壬（寅午戌），坎納癸（申子辰），」此乃納甲法。

九星水法又稱「輔星翻卦法」，亦即將納甲之法，佐以九星之名而取之。

翻卦掌訣如下：「中起中止，邊起邊止」遁之。

此法以座為輔弼，依翻卦掌訣順序為「輔（輔弼），貪（貪狼），巨（巨門），祿（祿存），文（文曲），廉（廉貞），武（武曲），破（破軍），」以輔弼，貪狼，巨門，武曲為吉星；破軍，祿存，文曲，廉貞為凶星，翻得吉星為吉，翻得凶星則凶。

離（壬寅午戌）	巽（辛）	坤（乙）	兑（丁巳酉丑）
乾（甲）	艮（丙）	坎（癸申子辰）	震（庚亥卯未）

1、坎山

如以坎山為輔弼，翻卦順序如下圖：

離（祿存）	巽（貪狼）	坤（破軍）	兌（廉貞）
乾（文曲）	艮（巨門）	坎（輔弼）	震（武曲）

坎（輔弼）→巽（貪狼）→艮（巨門）→離（祿存）→乾（文曲）→兌（廉貞）→震（武曲）→坤（破軍）。

向首		九星	
坎卦	申子辰癸	八	輔弼
巽卦	巽辛	一	貪狼
艮卦	艮丙	二	巨門
離卦	寅午戌壬	三	祿存
乾卦	乾甲	四	文曲
兌卦	巳酉丑丁	五	廉貞
震卦	亥卯未庚	六	武曲
坤卦	坤乙	七	破軍

2、坤山

如以坤山為輔弼，翻卦順序如下圖：

離（文曲）	巽（巨門）	坤（輔弼）	兌（武曲）
乾（祿存）	艮（貪狼）	坎（破軍）	震（廉貞）

坤（輔弼）→艮（貪狼）→巽（巨門）→乾（祿存）→離（文曲）→震（廉貞）→兌（武曲）→坎（破軍）。

向首	坤卦	艮卦	巽卦	乾卦	離卦	震卦	兌卦	坎卦
	坤乙	艮丙	巽辛	乾甲	寅午戌壬	亥卯未庚	巳酉丑丁	申子辰癸
	八	一	二	三	四	五	六	七
九星	輔弼	貪狼	巨門	祿存	文曲	廉貞	武曲	破軍

3、震山

如以震山為輔弼，翻卦順序如下圖：

離（貪狼）	巽（祿存）	坤（廉貞）	兌（破軍）
乾（巨門）	艮（文曲）	坎（武曲）	震（輔弼）

震（輔弼）→離（貪狼）→乾（巨門）→巽（祿存）→艮（文曲）→坤（廉貞）→坎（武曲）→兌（破軍）。

向首		九星	
震卦	亥卯未庚	八	輔弼
離卦	寅午戌壬	一	貪狼
乾卦	乾甲	二	巨門
巽卦	巽辛	三	祿存
艮卦	艮丙	四	文曲
坤卦	坤乙	五	廉貞
坎卦	申子辰癸	六	武曲
兌卦	巳酉丑丁	七	破軍

4、巽山

如以巽山為輔弼，翻卦順序如下圖：

離 （武曲）	巽 （輔弼）	坤 （巨門）	兌 （文曲）
乾 （廉貞）	艮 （破軍）	坎 （貪狼）	震 （祿存）

巽（輔弼）→坎（貪狼）→坤（巨門）→震（祿存）→兌（文曲）→乾（廉貞）→離（武曲）→艮（破軍）。

向首			九星
巽卦	巽辛	八	輔弼
坎卦	申子辰癸	一	貪狼
坤卦	坤乙	二	巨門
震卦	亥卯未庚	三	祿存
兌卦	巳酉丑丁	四	文曲
乾卦	乾甲	五	廉貞
離卦	寅午戌壬	六	武曲
艮卦	艮丙	七	破軍

5、乾山

如以乾山為輔弼，翻卦順序如下圖：

離（破軍）	巽（廉貞）	坤（祿存）	兌（貪狼）
乾（輔弼）	艮（武曲）	坎（文曲）	震（巨門）

乾（輔弼）→兌（貪狼）→震（巨門）→坤（祿存）→坎（文曲）→巽（廉貞）→艮（武曲）→離（破軍）。

向首		九星	
乾卦	乾甲	八	輔弼
兌卦	巳酉丑丁	一	貪狼
震卦	亥卯未庚	二	巨門
坤卦	坤乙	三	祿存
坎卦	申子辰癸	四	文曲
巽卦	巽辛	五	廉貞
艮卦	艮丙	六	武曲
離卦	寅午戌壬	七	破軍

6、兌山

如以兌山為輔弼，翻卦順序如下圖：

離（巨門）	巽（文曲）	坤（武曲）	兌（輔弼）
乾（貪狼）	艮（祿存）	坎（廉貞）	震（破軍）

兌（輔弼）→乾（貪狼）→離（巨門）→艮（祿存）→巽（文曲）→坎（廉貞）→坤（武曲）→震（破軍）。

向首	
兌卦	巳酉丑丁
乾卦	乾甲
離卦	寅午戌壬
艮卦	艮丙
巽卦	巽辛
坎卦	申子辰癸
坤卦	坤乙
震卦	亥卯未庚

九星	
八	輔弼
一	貪狼
二	巨門
三	祿存
四	文曲
五	廉貞
六	武曲
七	破軍

7、艮山

如以艮山為輔弼，翻卦順序如下圖：

離（廉貞）	巽（破軍）	坤（貪狼）	兌（祿存）
乾（武曲）	艮（輔弼）	坎（巨門）	震（文曲）

艮（輔弼）→坤（貪狼）→坎（巨門）→兌（祿存）→震（文曲）→離（廉貞）→乾（武曲）→巽（破軍）。

向首		
艮卦	艮丙	
坤卦	坤乙	
坎卦	申子辰癸	
兌卦	巳酉丑丁	
震卦	亥卯未庚	
離卦	寅午戌壬	
乾卦	乾甲	
巽卦	巽辛	

九星	
八	輔弼
一	貪狼
二	巨門
三	祿存
四	文曲
五	廉貞
六	武曲
七	破軍

8、離山

如以離山為輔弼，翻卦順序如下圖：

離（輔弼）	巽（武曲）	坤（文曲）	兌（巨門）
乾（破軍）	艮（廉貞）	坎（祿存）	震（貪狼）

離（輔弼）→震（貪狼）→兌（巨門）→坎（祿存）→坤（文曲）→艮（廉貞）→巽（武曲）→乾（破軍）。

向首

卦	向首
離卦	寅午戌壬
震卦	亥卯未庚
兌卦	巳酉丑丁
坎卦	申子辰癸
坤卦	坤乙
艮卦	艮丙
巽卦	巽辛
乾卦	乾甲

九星

八	輔弼
一	貪狼
二	巨門
三	祿存
四	文曲
五	廉貞
六	武曲
七	破軍

範例：

如果有一宅為【申山寅向，以座為依據，則坎納（癸申子辰），故以坎起卦】，以九星山法來論，本宅的卯方（東方）及壬方（北方）有高大物，對本宅會有以下現象。

卯方該高大物為武曲星。

武曲—財運很好，延年益壽，身體健康。

壬方該高大物為祿存星。

祿存—財難積聚，官災是非，爭執被騙。

以坎山為輔弼，翻卦順序如下圖：

離（祿存）	巽（貪狼）	坤（破軍）	兌（廉貞）
乾（文曲）	艮（巨門）	坎（輔弼）	震（武曲）

坎（輔弼）→巽（貪狼）→艮（巨門）→離（祿存）→乾（文曲）→兌（廉貞）→震（武曲）→坤（破軍）。

向首		九星	
坎卦	申子辰癸	八	輔弼
巽卦	巽辛	一	貪狼
艮卦	艮丙	二	巨門
離卦	寅午戌壬	三	祿存
乾卦	乾甲	四	文曲
兌卦	巳酉丑丁	五	廉貞
震卦	亥卯未庚	六	武曲
坤卦	坤乙	七	破軍

四吉星：

貪狼—財運大好，身體健康，活力充沛。

武曲—財運很好，延年益壽，身體健康。

巨門—財運不錯，疾病痊癒，貴人相扶。

輔弼—財運小吉，運氣中等，健康如常。

四凶星：

破軍—財運極差，多病損壽，凶則病死。

廉貞—破財連連，健康甚差，容易招陰。

文曲—財運不佳，災禍連連，身體多病。

祿存—財難積聚，官災是非，爭執被騙。

PS：經診斷是被四吉星照到那要恭喜您！如果是被四凶星照到，則可用羅盤或麒麟或貔貅來改變磁場，則可趨吉避凶，一路順遂。

二、九星砂法五大格局

來龍與向也要符合先天八卦的五大格局：天地定位局，水火不相射局，雷風相薄局，山澤通氣局，納甲歸元局。

1、辛山乙向，乾方來龍：（乾）為陽為天，坤納（乙）為陽為地，故為天地定位局。

2、丙山壬向，辰方來龍：坎納（辰）為陽為水，離納（壬）為陽為火，故為水火不相射局。

3、巳山亥向，巽方來龍：震納（亥）為陰為雷，（巽）為陰為風，故為雷風相薄局。

4、癸山丁向，艮方來龍：（艮）為陰為山，兌納（丁）為陰為澤，故為山澤通氣局。

5、丑山未向，卯方來龍：震納（卯）為陰，震納（未）為陰，一卦純清，故為納甲歸元局。

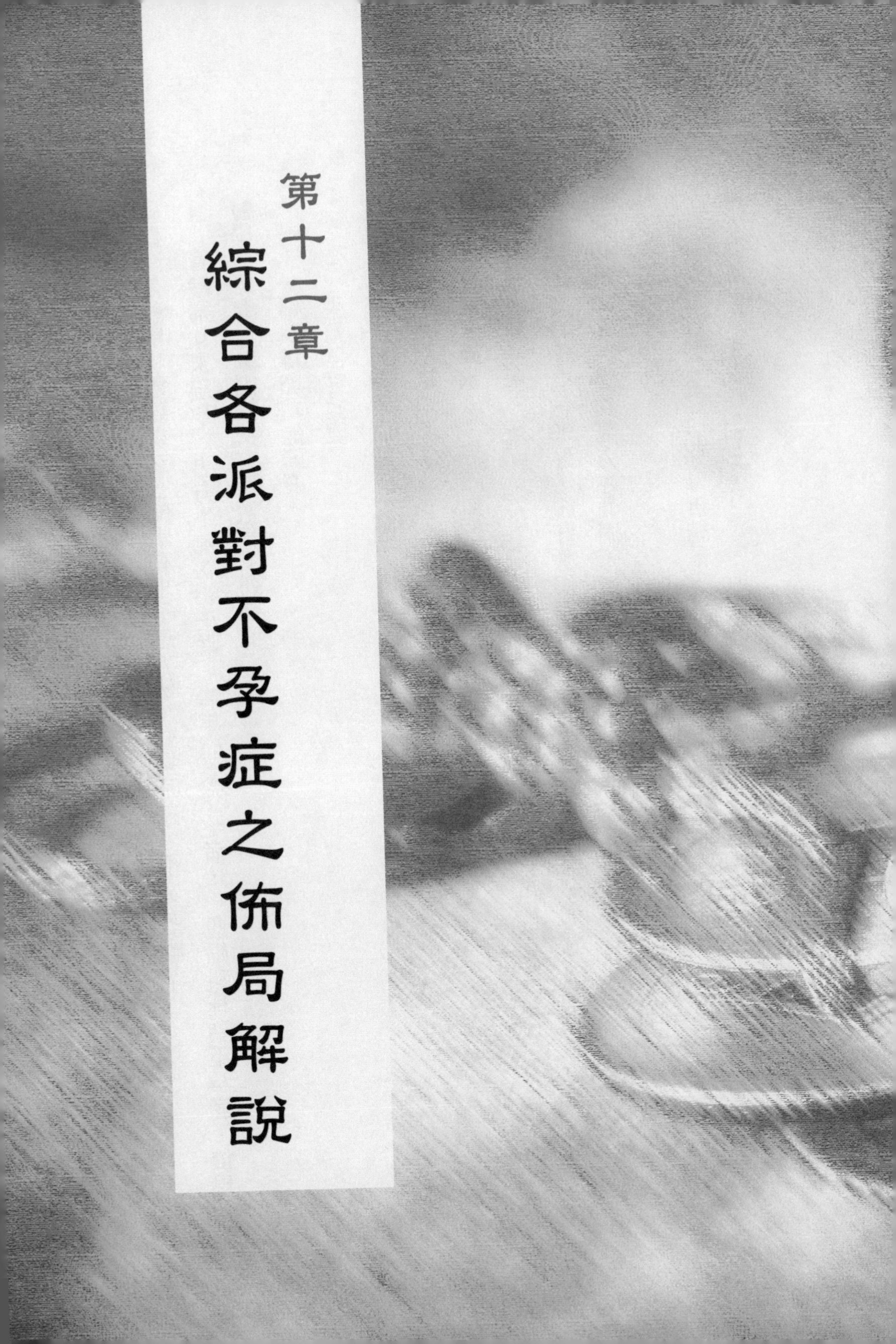

第十二章 綜合各派對不孕症之佈局解說

夫妻雙方身體都沒問題，也很符合優生學，經濟能力又不差，為何結婚多年而妻之肚子一直沒有消息？靈驗之玄空風水有求子息方法，效果不差，不妨試試看！

育齡婦女未避孕，男方生殖功能正常，二年而未受孕者，一般婦科稱為不孕症，依現代醫學之研究，肇因於女方因素有下列幾項：

1、婦女排卵功能障礙。

2、生殖器官病變。

3、精子與卵子之間免疫因素影響。

4、生活職場環境。

5、居家風水……等因素，而使得育齡婦女無法懷孕。

又依流行病學之統計，在未實施節育計劃之情況下，新婚後一年內懷孕者約80％，而於二年內有身孕者約90％，統計數據顯示，不孕症之原因比率：男方因素約占40％，女方因素佔40—50％，男女雙方之共同因素約占20—30％，而不明原因者，如風水，磁場欠佳……等，約占6—10％。

綜合歷代醫家之研究分析結果，導致婦女不孕之病因不外是腎虛，肝鬱，氣血兩虛，痰濕，濕熱，氣滯血瘀……等因素，尚有導因於風水，命理或無明業障……等因素者。

第一節　八宅明鏡派求子息法

坎命之人求子息的方法：

1、如坎命之人灶口向「巽」方生氣位，是為絕佳方位。
2、如坎命之人灶口向「離」方延年位，吉利。
3、如坎命之人灶口向「震」方天醫位，吉利。
4、如坎命之人灶口向「坎」方伏位，主多生女，少男丁。

坤命之人求子息的方法：

1、如坤命之人灶口向「艮」方生氣位，是為絕佳方位。
2、如坤命之人灶口向「乾」方延年位，吉利。
3、如坤命之人灶口向「兌」方天醫位，吉利。
4、如坤命之人灶口向「坤」方伏位，主多生女，少男丁。

震命之人求子息的方法：

1、如震命之人灶口向「離」方生氣位，是為絕佳方位。
2、如震命之人灶口向「巽」方延年位，吉利。

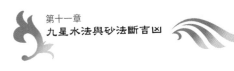

3、如震命之人灶口向「坎」方天醫位，吉利。

4、如震命之人灶口向「震」方伏位，主多生女，少男丁。

巽命之人求子息的方法：

1、如巽命之人灶口向「坎」方生氣位，是為絕佳方位。

2、如巽命之人灶口向「震」方延年位，吉利。

3、如巽命之人灶口向「離」方天醫位，吉利。

4、如巽命之人灶口向「巽」方伏位，主多生女，少男丁。

乾命之人求子息的方法：

1、如乾命之人久婚不孕，速改灶口向本命生氣位「兌」方，即可得子。

2、灶口向延年位「坤」方。

3、灶口向天醫位「艮」方，總之如求子，宜改灶口向生氣「兌」方即可得子，此為最靈驗。

兌命之人求子息的方法：

1、兌命之人灶口向「乾」方生氣位，是為絕佳方位。

2、兌命之人灶口向「艮」方延年位，吉利。
3、兌命之人灶口向「坤」方天醫位，吉利。
4、兌命之人灶口向「兌」方伏位，主多生女，少男丁。

艮命之人求子息的方法：

1、如艮命之人灶口向「坤」方生氣位，是為絕佳方位。
2、如艮命之人灶口向「兌」方延年位，吉利。
3、如艮命之人灶口向「乾」方天醫位，吉利。
4、如艮命之人灶口向「艮」方伏位，主多生女，少男丁。

離命之人求子息的方法：

1、如離命之人灶口向「震」方生氣位，是為絕佳方位。
2、如離命之人灶口向「坎」方延年位，吉利。
3、如離命之人灶口向「巽」方天醫位，吉利。
4、如離命之人灶口向「離」方伏位，主多生女，少男丁。

第二節　紫白飛星派求子息法

1、民國103年甲午年

四綠入中宮，正月起八白（子午卯酉起八白）。

一白在坤，六白在兌，八白在午，月白併臨床門合吉，當年即受男胎。

2、民國104年乙未年

三碧入中宮，正月起五黃（辰戌丑未五黃起）。

一白在震，六白在艮，八白在坎，月白併臨床門合吉，三年內俱生男子。

東南　　南　　西南

民國103年五月

年 月 3 3	年 月 8 8	年 月 1 1
年 月 2 2	年 月 4 4	年 月 6 6
年 月 7 7	年 月 9 9	年 月 5 5

東北　　北　　西北

東南　　南　　西南

民國104年三，十二月

年 月 2 2	年 月 7 7	年 月 9 9
年 月 1 1	年 月 3 3	年 月 5 5
年 月 6 6	年 月 8 8	年 月 4 4

東北　　北　　西北

3、民國105年丙申年

二坤入中宮，正月起二黑（寅申巳亥二黑求）。

一白在巽，六白在離，八白在坤，月白併臨床門合吉，二年生男。

4、民國106年丁酉年

一白入中宮，正月起八白（子午卯酉起八白）。

六白在坎，八白在震，月白併臨床門合吉，三年內生男。

東南　　南　　西南

民國105年一，十月		
年 月 1 1	年 月 6 6	年 月 8 8
年 月 9 9	年 月 2 2	年 月 4 4
年 月 5 5	年 月 7 7	年 月 3 3

東北　　北　　西北

東南　　南　　西南

民國104年三，十二月		
年 月 9 9	年 月 5 5	年 月 7 7
年 月 8 8	年 月 1 1	年 月 3 3
年 月 4 4	年 月 6 6	年 月 2 2

東北　　北　　西北

5、民國107年戊戌年

九離入中宮，正月起五黃（辰戌丑未五黃起），。

一白在乾，六白在坤，八白在巽，月白併臨床門合吉，二年生男，。

6、民國108年己亥年

八白入中宮，正月起二黑（寅申巳亥二黑求）。

安床在一白兌方，六白在震，一年外生男。

東南　　南　　西南

民國107年六月		
年 月 8 8	年 月 4 4	年 月 6 6
年 月 7 7	年 月 9 9	年 月 2 2
年 月 3 3	年 月 5 5	年 月 1 1

東北　　北　　西北

東南　　南　　西南

民國108年四月		
年 月 7 7	年 月 3 3	年 月 5 5
年 月 6 6	年 月 8 8	年 月 1 1
年 月 2 2	年 月 4 4	年 月 9 9

東北　　北　　西北

7、民國109年庚子年

七赤入中宮，正月起八白（子午卯酉起八白）。

八白在乾，一白在艮，月白併臨床門合吉，一年外生男。

8、民國110年辛丑年

六乾入中宮，正月起五黃（辰戌丑未五黃起），

八白在兌，九紫在艮，月白併臨床門合吉，一年外生男。

東南　南　西南

民國109年二，十一月		
年 月 6 6	年 月 2 2	年 月 4 4
年 月 5 5	年 月 7 7	年 月 9 9
年 月 1 1	年 月 3 3	年 月 8 8

東北　北　西北

東南　南　西南

民國109年九月		
年 月 5 5	年 月 1 1	年 月 3 3
年 月 4 4	年 月 6 6	年 月 8 8
年 月 9 9	年 月 2 2	年 月 7 7

東北　北　西北

第三節　專業科儀行道作法求子息法

一、女方久婚不孕，改造居家磁場幫助生育之方法。

1、須男女皆生理正常。

2、應先行堪驗與排除陰，陽二卦之損丁因素與格局。

3、行道科儀必備物品。

⑴、購置特製之能量石或適當之磁石乙片。

⑵、準備（沒藥，枳殼，黃芪，黨蔘，枳實，沈香，玉竺，胡桃，川芎。肉蓯蓉各兩錢）等中藥材裝置紅綢袋內，放在臥室內適當地方。

⑶、清淨符，土符各一道。

⑷、用當事人（女方）已穿過之衣服與能量石，符籙包覆好，擇吉安放在女方的枕頭下方。

⑸、配合專業「淨宅，安床之行道科儀」。

4、事後追蹤。

⑴、狀況一：若經過半年後，仍未受孕則表示失敗，宜再請老師擇日收回。

⑵、狀況二：若見懷孕跡象應隨即回報，請老師擇吉移除之，並另擇日佈局安胎

（不孕與流產，難產之狀況有相當大的累世因緣關聯性，所以安胎之行道科儀宜請明師親自面授之）。

5、女方在飲食上之禁忌。
敏感體質之婦女較易產生不孕症狀，以中醫學的觀點就是體弱虛寒，因此不易受孕，宜避免生冷辛辣類的食物，多吃各類果蔬以保持身體五行之平衡。

二，男女久婚不孕，「陽宅生基」催財旺丁造福法。

1、學理依據。
依每一個人命宮之區別，分東四命宅卦，西四命宅卦。東四卦：離巽震坎；西四卦：坤兌乾艮（東西命卦互不相犯）。

2、作法範例。
(1)、將人的頭髮，指甲裝入紅綢袋內，在紅紙袋上書寫姓名，生辰八字。
(2)、準備500cc天然材質竹類筒杯一個，將紅綢袋內容物放置於筒杯內，再加入七分滿之糯米或五穀米覆蓋，將筒杯擇吉安置於陽宅之生氣方。
(3)、取一支全新的竹筷子，架設一組中藥製成的香環，安置於吉方，擇吉日吉時點燃香環。

(4)、在另一個三合或六合之吉方安置一電磁爐（電鍋亦可），爐上放一茶壺，茶壺之出水口宜對準本命元神之吉方，使熱水氣儘量朝向吉方飄流不可停歇，此法若能夠經常（每天至少一次）保持不間斷，則三至六個月即可有所感應。

三、禮佛拜懺。

1、拜懺經文如下。

一心圓法界，感應遍十方，謹以戒定慧心香，普供養十方三世諸佛菩薩，弟子〇〇〇無始劫來，因貪瞋癡所造身語意惡業，今深自覺悟，罪性本空，趣向真如，祈求大慈大悲威德力加持，三業頓盡，圓證菩提，並以此功德，普迴向十方眾生，常樂我淨，同證佛果（南無本師清淨法身佛，三稱三拜）。

2、每天至少持誦108遍。

3、配合「心想事成」法門，即可達成心中所願。

四、難受孕的夫妻怎麼辦？幫助您能儘快受孕的方法。

1、在每年三節（除夕，端午，中秋）祭拜祖先及地基主。

2、房間不要掛結婚照或山水圖。

3、可在房間震卦（東方）及巽卦（東南方）掛嬰兒照片。
4、可在臥床下放置龍銀6枚，用黃布包好。
5、做愛做的事不要太頻繁。
6、看大門或臥房有無被尖銳物對到（要有化煞的動作）。
7、將房門或臥床放置，規劃在先生的延年方。
8、睡覺時頭部最好朝本命伏位方。
9、放一個代表龍的小型物件在床邊。

PS：依照以上的方法去做，對受孕將會很有幫助。

第十三章 生基造福開運秘法

遠溯自漢朝以來，「造生基」就是一種效果非常顯著的開運祕法，至今已經超過兩千多年，除了經常從電視或是報章雜誌得知「造生基」的相關報導之外，幾年前從已故的香港「華懋集團」主席龔如心，當時為香港最有錢的女人，堪稱亞洲頭號女富豪，資產港幣超過300億，生前篤信風水學「造生基」，於是經由媒體披露廣為報導之後，大家才知道許多達官貴人，藝人，影星，企業家造作生基者不計其數，多不勝數。

其實「造生基」的先決條件就是要俱備「龍，穴，砂，水」，缺一不可，再透過專業老師的「行道作法」，配合仙命擇日，定坐山立向，定分金，動土，進寶甕，謝土等科儀。

台灣龍脈的祖山為中國的崑崙山脈，台灣屬山脈南幹，由崑崙經青海，西康，雲南，貴州，廣西，廣東，湖南，江西，經過大庾嶺，到福建武夷山脈，再入海到澎湖，台灣，至玉山山頂，成為台灣的祖宗山。

山龍東線至花蓮，台東；南線至高雄，屏東；西線至雲林，嘉義，台南；西北線至台中，彰化，南投；北脈則蜿蜒合歡山之間，再西經苗栗，新竹；東北行至宜蘭；北經烏來，左行至桃園縣，台北縣，再右行經新店而至台北市，亦即台灣處處都有龍穴寶地，而藉由擇地之審慎與專業，真龍正穴受山川感應力之傳達，就能達其轉禍為福，趨吉避凶，諸事如意，步步青雲的效果。

第一節　何謂生基

「生基」簡單的說就是生命的根基，活人的「衣冠塚」，一般稱為「壽墳」，「壽穴」，「壽基」，「生墳」，「壽藏」等，有建造墓型及不造墓型兩種方式，而人有三魂：靈魂，生魂（骨魂），覺魂（神主牌）；七魄：八字，姓名，血液，指甲，毛髮，內外衣褲，鞋襪等，以專業的「行道作法」，裝入寶甕中，達到催官，進祿，富貴，福德，增壽，招財，保命之效果。

就堪輿學術的立場而言，「龍穴生基」是屬於正宗三元地理開運大法之一，早期，由已故江西籍風水大師曾子南老師，一手策劃的台中大肚山「先施公墓」，即是生基造作的代表，遠近馳名，前往觀摩探訪的風水前輩不計其數。

博大精深的中國文化當中記載著唐代風水祖師爺楊公救貧曰：「地理之為鬼神可改天命也，」乃藉助地理靈氣神妙之術，改善個人先天之命，達到生基造福的效果。

東晉學者郭璞所著【葬經】之氣感篇中指出「人受體於父母，本骸得氣，遺體受蔭，氣感而應，鬼福及人，」其意即是父母為子孫之本，子孫為父母之枝，氣體相同，由本而達枝，所以若能擇風水福地而葬，其吸收天地之靈氣，自然可以庇蔭子孫，福蔭後代。

據此葬自己先人於吉地能庇蔭後代子孫，若以自己之物品收納在吉地裡，亦能讓自己獲得助力，於是先祖先賢們乃有了以「造生基」來造福之理法依據，於是歷代地理師們，即藉由大地之靈氣所形成的共鳴能量，進而助旺人體本身的氣場，此種輔氣的方法乃生基的主要理論依據。

造作「生基」的方法，堪輿師皆認為是風水祖師爺楊救貧先師所傳，當下兩岸三地「造生基」也都採用其法理，根據鬼谷子縱橫派第八十二代傳人陳英略教授所著「鬼谷子無字天書」中記載，講述漢高祖劉邦之開國功臣張良，尋得洞天福地，修練仙術，於今江蘇省銅山縣徐州子房山，覓得「雲中仙座形」之真龍風水寶地，於是自建「生基壽墳」於此，並且時常在壽墳前打坐修練，最終修道成仙，而明朝國師劉伯溫為朱元璋開基立國，亦於神州之處建造上百個「生基壽墳」，歷久不衰且名留青史，至今「生基壽墳」遺跡仍存，當今不僅是兩岸三地，甚至有華人的地區，只要有機緣之人，就會去造作生基，讓生人感受良好的地靈旺氣，傳達己身，催旺生財，其妙用不言可喻。

第二節　造作生基功用

唐朝國師楊救貧仙師曾說：地理之為鬼神可改天命也，藉風水地理神妙之術，改人先天之命危，消災解厄，趨吉避凶，以達「生基」造作之目的，本天，地，人三結合確有起死回生之妙用，地為萬物之母，生人得真龍正穴之地靈旺氣傳達己身，產生共鳴，再受日，月，天地山川「氣」的感應，依選定流年之不同，快者六個月，慢者不超過二年，可達催官，進祿，富貴，福德，增壽，招財，保命……之效果。

真龍寶穴採取生基用地開發共用，一人一個穴位，共享地靈旺氣，其福助感應力並不輸給花數百萬元之私人家族式壽墳，花費也較經濟，靈動力卻不輸給花數百萬元甚至上千萬者，其實龍穴之蔭助力，在其點穴之正確與否，而不在地方坪數之大小，此為目前台灣地區與華人地區最為理想的生基造作方式，除可省去很多尋地購地之繁瑣步驟，花費又不多，只要有心想做，一般人都負擔得起。

造作生基絕不是達官顯要與有錢人家的專利，然而要造作生基者，卻也得先自問自己平日是否與人為善？福德品行如何？平日有無善盡孝道？以上各點雖沒有面面俱到，但至少必須不作奸犯科，此為最基本的要求，接著若能找到有經驗豐富的堪輿老師，而其服務過之主家也確實有好的應驗，費用又合理，如此，則可請此等賢明之老師幫忙造作，有所正面感應之後，行有餘力定當回饋於社會，積德行善，必能添福添壽矣！

或許您目前生活上已經很愜意，經濟寬裕，身強體健，然而以後如何誰能得知？縱使處於人生的巔峰，若逢重大意外事件，災劫疊臨之時，一切都是枉然，以下簡單舉例想要明天比今天更好，都可以來造作生基，找到屬於自己的優勢，創造未來。

1、先天命差，後天運弱。

可藉由生基之造化，扭轉乾坤，達到催官、增壽、進祿、招財、保命、啟智的效果，明天福禍誰人知？身體健康，精、氣、神暢旺，才是人生的根本，縱有百億資產大亨，若人生歸零，一切也是枉然，您現在已經過得很不錯了，但總想「明天要比今天更好」，都可來造作生基，為自己創造更有利的優勢，好還要更好。

2、體弱多病，病魔纏身。

「生基」就是壽墳，人有三魂：靈魂、生魂（骨）、覺魂（神主牌），七魄：八字、姓名、毛髮、指甲、血液、衣物、鞋襪。生基可強化「元神」，增益體能，轉弱為強，化解災厄，凡有因緣，做過的主家也都能得到驗證，那是因為得到「生基」地靈感應的效果。

3、先人火化，祖墳無助。

祖墳蔭助後代，自古以來，多有驗證。從台灣幾大家族之家屬過世，仍克服困難堅持

「土葬」，可見風水之重要性，其得知風水之玄奧，可營造後代之優勢。但是大多數人，全無概念，又因好地理難尋，只圖方便，都將先人火化，蔭助之功全無，縱使知道地理風水的重要，祖墳也無地理條件，甚至發凶，然因牽涉兄弟，長輩，遷葬不易，唯有造作「生基」，感應最為直接，方能自我改善，創造優勢。

4、陽宅不佳，事業不順。

現代都市叢林化房屋，地理福助談不上，外在格局「形煞」沖射卻不少，造成負面影響，以致家運不順，身體受損，甚至怪病橫生，雖有請老師制化煞氣，卻無法全除，此時，唯有藉助「生基」開運造福祕法。

第三節　生基造作時機與必備物品

生基造作首先必須尋得「真龍正穴」，龍就是山脈，山脈能起伏盤旋，有時候高聳雲霄，有時候伏於平岡，而有時落於平洋，宛如神龍一般變化莫測，故以「龍」表示山脈，曰「龍脈」者，意指山脈的形勢及隱藏的地氣，

龍脈的運行至結穴，必須經過祖山→開帳→父母山→過峽→束氣→穴星起頂→落脈→結穴。

祖山為眾山的發跡地，必定是高大壯闊，綿延數百萬里，尊貴無與倫比，接著少祖山亦要高大壯麗，而貼近穴場，主福澤綿長，貴仕相輔，父母山為少祖山之子，要起伏有致，山川秀麗，為結穴最多之處，故有「胎息孕育」之說。

地理堪輿師觀龍辨地之大小，即能判斷福澤之長短，龍長地大，結穴就能福澤綿長；龍短地小，結穴則福澤短暫，古今歷代不管是古都或是古墓之所以能夠亙古久遠，不外乎其地乃幹龍之所在，今可為證也，造作生基適合於久病不癒，避災解厄，延年益壽，開運招財，求婚求子，功名利祿，駿業成功，婚姻美滿。

1、造作生機的最佳時機。

遊魂→催官→長命→黃泉→生氣→進祿→催屍→增壽→迎財→減魂→喜益→增齡。

由字義即知，「遊魂，黃泉，催屍，減魂」為不佳的造作時機。

巳蛇	午馬	未羊	申猴
辰龍			酉雞
卯兔	男女皆順數 →		戌狗
寅虎	丑牛	子鼠	亥豬

例一：以當事人農曆年份來推算，如民國四十七年次，戊戌年生，於農曆103甲午年，想做壽墳生基，則由本命生肖「戌」算到造作生基的年份「午年」，順數依序為遊魂（戌）→催官（亥）→長命（子）→黃泉（丑）→生氣（寅）→進祿（卯）→催屍（辰）→增壽（巳）→迎財（午）→減魂（未）→喜益（申）→增齡（酉），是為「迎財」進寶，故為屬狗者想做生基壽墳的好年份。

例二：以當事人農曆年份來推算，如民國五十四年次，乙巳年生，於農曆103甲午年，想做壽墳生基，則由本命生肖「巳」算到造作生基的年份「午年」，順數依序為遊魂（巳）→催官（午）→長命（未）→黃泉（申）→生氣（酉）→進祿（戌）→催屍（亥）→增壽（子）→迎財（丑）→減魂（寅）→喜益（卯）→增齡

（酉），是為「催官」進祿，故為屬蛇者想做生基壽墳的好年份。

近幾年不適合造作生基之生肖年份：

103年—鼠馬兔雞之生肖。

104年—龍狗牛羊之生肖。

105年—虎猴蛇豬之生肖。

106年—鼠馬兔雞之生肖。

107年—龍狗牛羊之生肖。

108年—虎猴蛇豬之生肖。

109年—鼠馬兔雞之生肖。

110年—龍狗牛羊之生肖。

111年—虎猴蛇豬之生肖。

2、造作生基的必備物品。

造作「生基」就是在扶助本身，要備有：

(1) 福主長生牌位（男為柳木，女為桃木）。

(2) 生辰八字。

(3)血液（20cc，若指甲與毛髮收集不多，則血液要抽30cc）。
(4)雙手與雙腳的指甲。
(5)毛髮。
(6)內衣，內褲一套。
(7)外衣，外褲一套。
(8)鞋子一雙。
(9)襪子一雙（衣服，鞋子，襪子，穿過愈久的愈好，不要清洗）。

PS：要以專業的「行道作法」，裝入寶甕中，達到催官，進祿，富貴，福德，增壽，招財，保命等效果。

第四節　造作生基注意事項

造作生基是一項非常慎重的法事科儀，藉以自然形成的「龍穴砂水」，引動無止盡的地氣能量，便能催旺生人的運勢，但若是方法有誤，卻反而會招來災厄，以下就是造作生基之時，必須要注意之處。

1、絕煞之地。

依現代科學的觀點來看風水地理形勢，確實對我們人類的吉凶禍福產生莫大的影響，古書有云：「敦厚之地，人多福壽。秀穎之地，人多清秀。卑濕之地，人多重濁。高亢之地，人多率直。散漫之地，人多遊蕩。險仄之地，人多殺傷。頑梗之地，人多執拗。平夷之地，人多忠信。」又如「山險民戾，山高民強；山深民傲，山秀民聰，有山無水，民悍而窮；有水無山，民淫而貪，水深民富，水淺民困；水散民散，水聚民。」因此，窮山惡水為風水之大忌。

2、神秘暗葬之地。

再好的龍穴寶地，若不是私人擁有，或是隨意將「生基壽墳」暗葬在他人墓地之旁，皆屬於盜葬的行為，侵犯別人的福份，容易犯眾怒，天理不容，未蒙其利反而先受其害。

3、室內造生基。

因為龍穴寶地難尋，所以坊間看過在陽宅內造生基的實例，以客廳或臥室配合造作者的命卦，方位，五行，便在自宅做生基，我們都知道，風水地理的研究，有兩大重要的領域：一曰巒頭，乃論地理的形勢，亦即龍穴砂水；二曰理氣，乃論天星方位的吉凶，故在「室內造生基」的做法，既無巒頭之龍穴砂水可言，更無地理山川形勢，效果可見一斑。

4、慎重擇日。

造作生基實屬人生一大事，必須找到真龍正穴之後，進行坐山立向，定分金坐度，擇日，動土，進金，謝土等科儀，而造生基屬於重大法事之一，必須慎重行事，配合主事者的生辰八字，慎選良辰吉日吉時動土。

5、法事科儀。

造作生基的過程當中，因為是將生基所需之物入土埋葬，故容易招引來孤魂野鬼，久而久之便容易聚陰，於是必須要有非常專業的老師，進行法事科儀，惟有如此，才能真正福享生基庇蔭，而生基福蔭之力，一般可維持8～10年的助力，過了時程之後，因為福地為本人所有，所以只要重新造作的過程費用，經濟又實惠。

6、開運五大法門之行善積德。

開運的五大法門除了一命，二運，三風水之外，尚有積德與讀書，是謂：「古今往來許多世家無非積德；天下間第一等人還是讀書。」讀書當然不是說學歷有多高，指的是要活到老，學到老，學歷可以告一段落，但學習卻是永不停歇。而若想藉生基福地催運之人，平日多多積德行善，口說好話，手做好事，心想好願，一定可以行好運，所謂「福地福人居」，就是這個道理。

第五節　造作生基實務圖示

動土安奉生基，謹備五果，金香。

奉請本司福德正神，土地龍神，十方神佛，造作生基化疏文。

確認動土方位。

温壙。

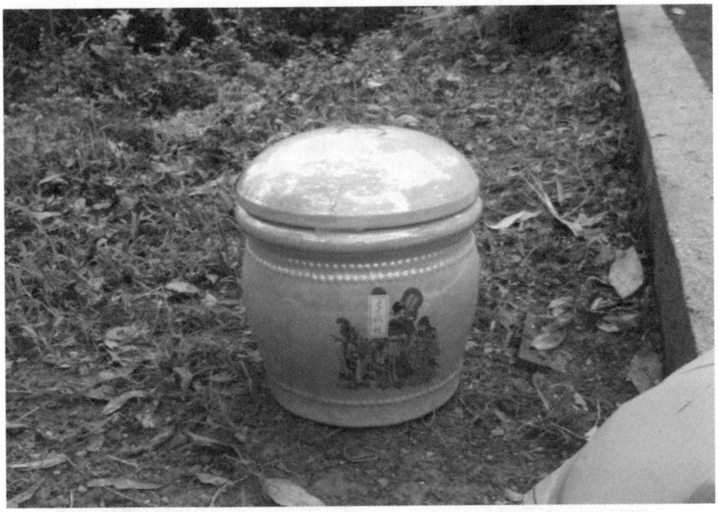

金斗甕。

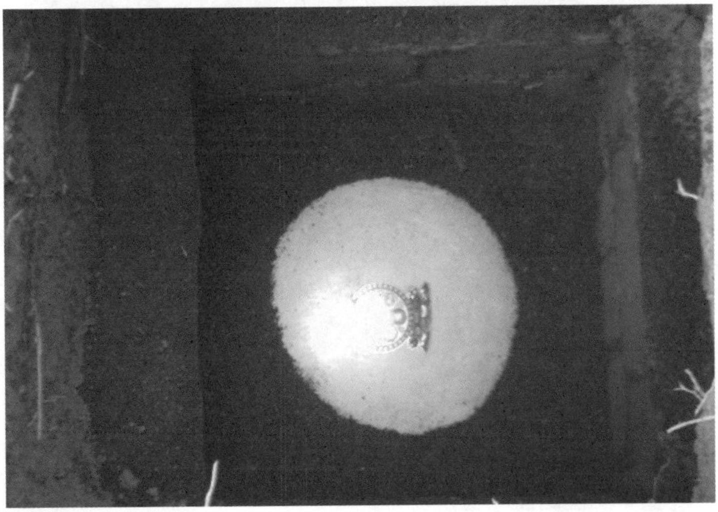

壙底放砂，進金。

進金要有適當的深度。

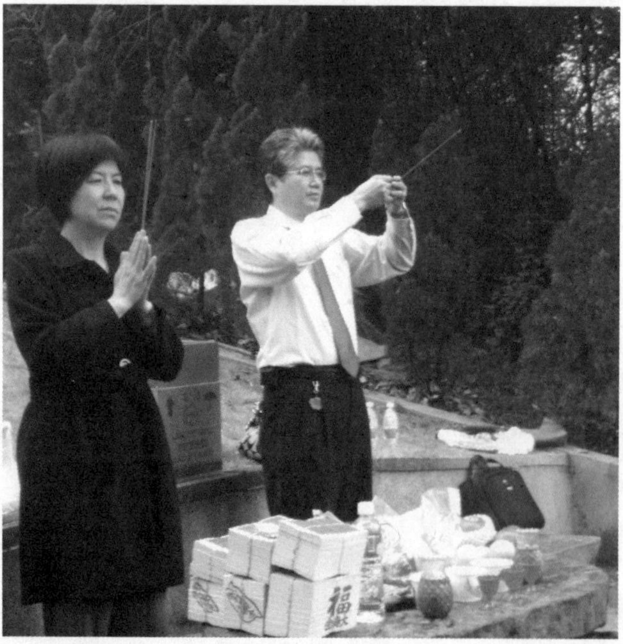

安奉生基謝土，並燒化疏文。

感應山地龍之生基福地之一。

感應山地龍之生基福地之二。

感應山地龍之生基福地之三。

第六節　如何改變陰宅、陽宅磁場，密宗之吉祥如意寶瓶最具效果

吉祥如意風水寶瓶

安放位置

1. 祖先牌位旁
2. 神位旁
3. 入門對角位
4. 乾淨位置

功德

安此大寶瓶功德不可思議；此大寶瓶不同其他，可興風水、助運勢、身強健、辦事成；

【藏地】成風水寶地（埋於地面）。人聰麗、家庭和睦、生意興旺、風調雨順、國運昌隆。

每個風水寶瓶都經過喇嘛閉關七天唸經持咒開光加持

作用

可淨化：若地方因戰爭、殺戮、自殺、瘟疫魔難等所生不祥之地。

可避禍：地震、水災、風災、火災等大自然災害。

可解除：屋內風水不好，產生沖煞、產生疾病、各種魔障。

可旺地：動土、蓋屋、建寺，埋此地旺。

改風水：墳墓、塔位安此好風水。

可光明：佛堂安住生光明。

可改變：【陰宅風水地理不佳】之狀況。

化形煞：【陽宅地理不佳】，外陽宅任何形煞。

變磁場：內陽宅磁場不好都可藉由風水寶瓶來開運制煞，風水陽宅好，全家平安、運勢佳、身體安康、工作事業順利、財源廣進。

內容

此大寶瓶蓮花為座，八吉祥緣起咒繞，上供摩尼寶，內依地水火風壇城、文武百尊壇城為輪擦擦佛塔為脈。

裝臟內容物：泥塑佛塔、七寶石、珍寶、時輪金剛、佛卡經文、舍利子、經軸、珍貴藏藥、米、地水烽火壇城、佛陀出生地、成佛地、桑耶寺、雍措湖、雪域等加持物、印度八大勝地、不丹、台灣、大陸聖地之土，時輪金剛本尊，一字續觸解脫為經文，另各類經咒緣起咒加持，西藏各大寺甘露丸及七寶石作供養，昇起金剛大寶帳。

加持

依伏藏經文如法製作，灑淨、加持，裝臟後由金剛上師七天閉關修法加持、開光。吉祥圓滿。

【為什麼要燒香】

佛寺在信徒、香客心中是頂禮膜拜的神聖場所，步入這個精神家園，怎樣才能表達自己的真誠呢？無疑，禮佛上香是最直接的方法。通過燒香、許願、叩頭、合十、問訊等動態行為，與佛、菩薩溝通，完成內心的希求祈願。

香、燒香，古今有多少善男信女向諸佛菩薩、神祗地靈、歷代祖先，表達心聲。求家庭平安，求事業有成，求消災免難……，縷縷清煙，承載了多少人的希望。

以神的超自然力做為服務世人的資源，偏重在神明的靈感與顯聖上，經常舉行各種祈禱、許願、祭祀、普渡、消災、解厄、補運、齋醮與法會等活動，則重在神明的指點迷津與靈力顯現，來化解各種的生存困境，求取現實生活的具體利益與和諧。

一般家中、公司、工廠，如果能定期定量運用密教之煙供法，就能改變磁場，就能得到神佛加持，六道眾生也能得溫飽自然不來干擾，住在內部人員得以平安，健康，工作事業穩定成長，密教之山淨煙供粉最具效果。

山淨煙供套裝組合

山淨煙供香給——四種賓客

可在室外，陽台、騎樓或門口一固定角落皆可。煙能讓神明聞到，就會保佑！如法煙供的對象，包括四種賓客：

一、三寶
二、護法
三、六道眾生
四、冤親債主

三寶和護法無所不在，所以，在屋外煙供，可以行廣大上供、下施。（在您家中煙供，只能利益您家的菩薩。）

修持煙供法很多感應的故事，真正發生不可思議力量的關鍵，在門口（戶外）這一爐。

只有這爐煙供，障礙您的所謂冤親債主，能得到煙供的利益，做生意的人尤其需要外緣，門口安置，能夠幫助財源廣進，非常有效！

掌握一個原則，定時定量，不求多，不要斷，功德利益將永存法界不滅！煙供的時間，每天固定時間即可，不必忌諱晚上或白天。

每天點燃煙供香後，開始唸頌下面儀軌一次：

祈禱

南無本師釋迦牟尼佛（三稱） 請引導我，由虛妄而進入於真實！請引導我，由黑暗而進入於光明！請引導我，由輪迴而進入於涅槃！

山淨煙供略軌

吙！煙供普賢供養廣大雲　上師本尊諸佛菩薩香　勇父空行護法財神香

怨敵精怪地祇基主香　諸守舍神及依怙主香　外器內情大清淨煙香

無盡妙欲虛空藏以供　除障如願成就願吉祥　嗡啊吽（108遍）

迴向　吉祥頌

隨心觀緣得成就，願證本尊恆吉祥。身口意會歸法性，願大圓滿大吉祥。

無上希有祕密寶，日月經天恆住世。加被塵剎諸有情，同住本淨光佛位。

迴向　法界有情　盡除一切罪障　共成無上菩提　迴向給自己（名字）

第十四章 實際範例：陽宅診斷與規劃

學完了紫白飛星陽宅診斷與制煞的流程之後，我們在此用實際案例完整列出一間陽宅內外格局，如何擷取資料以及如何量各方位，只要正確輸入各角度，以及住在屋中成員的個人資料，就能完整診斷出一間陽宅各房間，廚房，書房，廁所，神位以及成員所住的房間好壞，好讓我們瞭解如何才能趨吉避凶，轉禍為福。

紫白飛星又稱玄空挨星，本項論斷是根據宅座入中宮的方式來論斷各方位吉凶，請宅主依用途及需求來佈局【這個溫暖的家】。

首先要取得住在本宅成員的資料以及屋中各房間位在那個方位

先量屋宅座向：

座316度乾（正西北）方

向136度巽（正東南）方

本宅各房間所在方位座向：請用羅盤仔細量

大門：100度方

客廳：109度方

神位：225度，坤（正西南）方

書房：45度，艮（正東北）方

水路—來：202度方

水路—去：89度方
廚房（坐）：283度方
灶位（坐）：320度方
廁所（一）：270度，酉（正西）方
廁所（二）：41度方
臥室（一）：250度方
臥室（二）：1度方
臥室（三）：60度，寅（東北東）方
臥室（四）：181度方
缺角：180度，午（正南）方
凸出：110度方

家中成員：

爸爸：黃大維　生日：1958/06/22，臥室：1，命卦：乾（西四命）
媽媽：邱小津　生日：1961/12/13，臥室：1，命卦：震（東四命）
女兒：黃曉梅　生日：1986/07/13，臥室：2，命卦：坎（東四命）
兒子：黃宇祥　生日：1989/07/13，臥室：3，命卦：坤（西四命）

左圖為本宅之形狀圖：

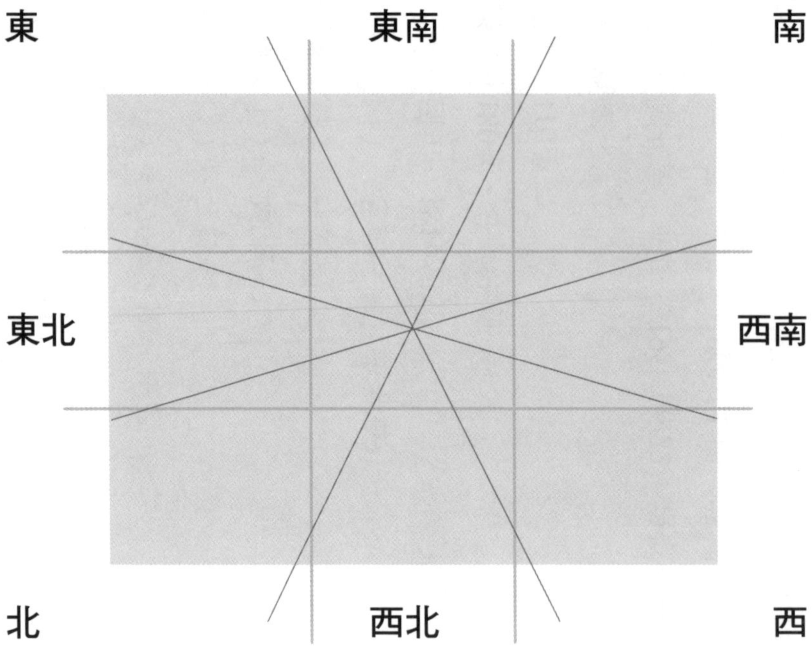

紫白飛星屋宅吉凶方位詳述

經診斷您的房子是屬於【乾宅】坐西北（乾）朝東南（巽）。

以下為各方位的氣場分佈情況：

在房子的東方位置屬4綠巽木的氣──【也是屬於房子的死氣方】

1、在屋宅方位特性感應解說：

四綠文曲：文昌星為吉星，主科甲，考試吉，富貴，四綠木其色青綠，當其旺主登科甲第，君子加官，小人進產，紫白訣云：「蓋四綠為文昌之神，職司祿位。」

2、在屋宅方位開運佈局方法：

四綠：文昌方位，可擺設文昌塔，文昌筆（共四支表示狀元，探花，榜眼，進士），文房四寶（筆，墨，硯，紙），文鎮，若屋宅內廁所是文昌位，可使用桃木蓮花八卦，五帝錢，布幔，黃金葛，粗鹽加

東南	南	西南
5 沖關 土 向	1 洩 水	3 死 木
4 死 木	6 金	8 生 土
9 煞 火	2 生 土	7 旺 金 座
東北	北	西北

（左側：東；右側：西）

以化解，這一宮本來是吉星駐守，因與本宮產生相剋的關係，是為死氣方，所以是吉中帶凶。使用【文昌塔或文昌筆】來開運效果最佳。

在房子的西方位置屬8白艮土的氣——【也是屬於房子的生氣方】

1、在屋宅方位特性感應解說：

八白左輔：財帛星為吉星，主功名進財，添丁旺子，催財，八白土其色杏白，值生旺則富貴功名，旺田宅發丁財，出忠臣孝子富貴壽考。

2、在屋宅方位開運佈局方法：

八白：功名進財，添丁旺子，可擺設百子圖或送子觀音像（請勿開光），芙蓉（台語扶陽之意），蓮蕉（台語有男性器官之意），而植物種在房子的室內，必須以紅絲帶圍住（轉陰為陽之意）。

求財求貴人可擺設如意，麒麟，開運龍，貔貅，開運財神袋組，發財樹，開運竹，萬年青等等開運吉祥物品。

使用【招財貔貅＋聚寶盆】來開運招財效果最佳。

在房子的南方位置屬1白坎水的氣——【也是屬於房子的洩氣方】

1、在屋宅方位特性感應解說：

一白貪狼：文曲星主官祿（有升官發財的機會）為吉星，居此方位必得其祿，庶人遇之定進財喜，為魁星，主文學藝術，聰明靈秀，少年科甲，主聲名顯達，名播四海，紫白訣云：「一白為官星之應。主宰文章。」

2、在屋宅方位開運佈局方法：

一白：官祿方位，可擺設催官意圖相或象形之吉祥物，如駿馬圖（馬頭必須向外），馬上封侯的雕像，鯉躍龍門圖，銅鹿（表示祿），銅馬（以一，六匹馬為宜，一表示一馬當先，六表示祿馬交馳），忌諱五匹馬表示五馬分屍之意。這一宮本來是吉星駐守，因與本宮產生氣散的關係，是為洩氣方，所以是吉星威力減損之意。

使用【馬到成功圖騰雕像】來開運效果最佳。

使用【密教專用香（滿願香，福報香）】來開運化煞效果最佳。

在房子的北方位置屬2黑坤土的氣──【也是屬於房子的生氣方】

在屋宅方位特性感應解說：

二黑巨門星：病符為凶星，主破財，病痛，二黑土其色黑，主憂愁抑鬱有所不免，為剋煞時，主孕婦有流產之慮，或涉婦人而興訟，或因女子以招非，大抵此方不宜修動，犯者女人不利，患病必久，這一宮本來是凶星駐守，因與本宮產生相生的關係，是為生氣方，所以是凶也變得不凶了。

PS：此方位為凶星之方位，避免擺設尖銳之物，此處宜靜不宜動。

使用【（葫蘆＋銅鈴）或羅盤】來開運化煞效果最佳。

使用【密教專用香（誅香，除障香）】來開運化煞效果最佳。

在房子的東南方位置屬5黃土的氣——【也是屬於房子的沖關方】

在屋宅方位特性感應解說：

五黃廉貞：正關煞為凶星，主傷亡，病耗，血光，五黃土位中央，威揚八面，應廉貞之宿，號為正關煞，其色黃；宜靜不宜動，動則終凶；宜化不宜剋，剋之則禍疊；戊己大煞，災害並至，會太歲，歲破，禍患頻生。

PS：此方位為凶星之方位，避免擺設尖銳之物，此處宜靜不宜動。

使用【大羅盤】來開運化煞效果最佳（因為宜化不宜剋）。

使用【密教專用香（誅香，除障香）】來開運化煞效果最佳。

在房子的東北方位置屬9紫離火的氣——【也是屬於房子的煞氣方】

1、在屋宅方位特性感應解說：

九紫右弼：右弼星為吉凶參半星，主驅煞催貴，人緣桃花，又掌火劫敗財，九紫火其色紫紅，性最燥，吉者遇之立刻發福，凶者值之勃然大禍，故術數家稱為趕煞催貴之神，但火性剛不能容邪，宜吉不宜凶。

2、在屋宅方位開運佈局方法：

九紫：人緣桃花，可放置花瓶（必須是真花），水要保持清澈，不能讓其凋謝。

這一宮本來是吉星駐守，因與本宮產生相剋的關係，是為煞氣方，所以是吉星威力減損之意。

使用【翠玉白菜或如意琉璃】來開運招桃花效果最佳。

使用【密教專用香（息香，順遂香）】來開運化煞效果最佳。

在房子的西南方位置屬3碧震木的氣——【也是屬於房子的死氣方】

在屋宅方位特性感應解說：

三碧祿存：蚩尤星為凶星，主口舌，是非，官刑，三碧木其色碧綠，三碧是賊星，主官非盜劫，若遇剋煞則官災訟非立見，殘病刑妻遭其凶，犯之者膿血之災，觸之者足疾大禍。

PS：此方位為凶星之方位，避免擺設尖銳之物，此處宜靜不宜動。

使用【如意琉璃或羅盤】來開運化煞效果最佳。

使用【密教專用香（息香，順遂香）】來開運化煞效果最佳。

在房子的西北方位置屬7赤兌金的氣——【也是屬於房子的旺氣方】

在屋宅方位特性感應解說：

七赤破軍：破軍星為凶星，主官非，訴訟，仇殺，七赤金其色赤紅，有小人之狀，為盜賊之精，若為剋煞，定主官非口舌。

這一宮本來是凶星駐守，因與本宮產生比旺的關係，是為旺氣方，所以是凶也變得不凶了。

PS：此方位為凶星之方位，避免擺設尖銳之物，此處宜靜不宜動。

使用【36枚古銅錢或羅盤】來開運化煞效果最佳。

使用【密教專用香（誅香，除障香）】來開運化煞效果最佳。

紫白飛星吉凶應驗之年

西元2013年

經紫白飛星診斷得知本年房子各方位經飛星碰撞而得到的現象，為以下說明，該方位好時好好造運，該方位不好時最好要有避煞（預防）的動作。

在房子的東方位置有四三同宮：

三震四巽雙木同宮，陰陽調和，主旺丁，兩顆正零神星到位，以飛星賦斷曰：「同來震巽，昧事無常。」尤其結婚四年以上的夫婦更要注意，三碧，四綠雙木星齊聚，會有霧水情緣，雖然不會長久，即取即散，但還是會產生家庭紛爭，疾病方面則易患肝膽免疫系統之症。

在房子的西方位置有八七同宮：

八艮為山，七兌為澤，澤山咸卦，少男配少女，陰陽調和，少男情歸於少女，土生金之象，富命何疑，最利醫卜星相之士，亦主男女多情，無媒妁則為私約，多財富得財貴，桃花，名利雙收也。

在房子的南方位置有一九同宮：

星曜的生剋制化，必須詳察其變化，如一白水剋九紫火，若在九運為九紫生旺，一白會因剋受辱，反而因財惹禍；若在一運為一白生旺，一九又合十，且中男配中女，陰陽調合得宜，主應暴發突富，家庭幸

東南	南	西南
宅 月 年 5 4	宅 月 年 1 9	宅 月 年 3 2

東				西
	宅 月 年 4 3	宅 月 年 6 5	宅 月 年 8 7	

東北	北	西北
宅 月 年 9 8	宅 月 年 2 1	宅 月 年 7 6

福，惟終因水火不容，終有傷損，失運須防在喜慶中有變化，小產，皮膚病，心目之疾，神智不清，敗血之症。

在房子的北方位置有二一同宮：

為土水相剋，主凶，不利男性，家人易患耳疾，消化系統及泌尿系統方面的疾病，男性有內臟之疾，女性有婦科之症，一坎中男受剋，主應女欺男，妻欺夫，為女性權力高漲，母子不和之象，此處土剋水，使用【銅鈴】屬金，開運化煞效果最好，達到通關之應。

在房子的東南方位置有五四同宮：

星曜分佈，如一二，三四，四五為「連茹格」，主應大凶之兆，木剋土之凶象，女性家中雞飛狗跳，大破財之兆，土為五行之主，中為建築之基，如天子之尊，司萬物之命，切不可輕易侵犯，宜靜不宜動也，易患胃腸病，關節炎，婦女乳癌。

在房子的東北方位置有九八同宮：

九離為火，八艮為山，山火賁卦，主應進益田產，少男大利，生貴子，增福祿，亦主旺丁財，火土相生之吉象，流年於八白土宮，有九紫來會，則主發科名貴秀之事，有成名得利或婚慶之喜，宅之離宮亦多吉慶之事。

在房子的西南方位置有三二同宮：

三碧木剋二黑土，為犯「鬥牛煞」，相剋相鬥為剋煞，主官非訴訟，口角是非，孕婦有坐草之慮（小產之意），孀居矢柏舟之志（喪夫之意），主惹官刑，易生口角，鬥毆，爭訟之事，二黑坤土，四綠巽木，七赤兌金，九紫離火，均為陰星，陰星最不喜受剋，如二黑受剋，恐出寡婦；四綠受剋，不利長女；七赤受剋，易惹桃花；九離受剋，中女有災。

在房子的西北方位置有七六同宮：

六乾為父，七兌為少女，陰陽調和，生氣相配，天澤財旺女喜悅，主應官員升官調職，大權在握，最宜從事代理商行業，商人愛小妾，採陰補陽，七六為交劍煞，主鬥爭，官非訴訟，四肢受損，遇劫，意外受傷，女兇男，主不和，六白乾金與七赤兌金相遇，因兩金相會為「交劍煞」，雖主官貴，惟流年逢交劍煞興者，六主官事，七為口舌，當有意外，官訟，劫盜，破財之事，須防頭部，呼吸系統之疾患。

PS：無論任何流年雙星交會，凶位避免擺設尖銳之物，該處宜靜不宜動。

紫白飛星吉凶應驗之月

西元2013年1月（農曆）

經紫白飛星診斷得知本月房子各方位經飛星碰撞而得到的現象，為以下說明，該方位好時好好造運，該方位不好時最好要有避煞（預防）的動作。

東南	南	西南
宅 月 年 5 1 4	宅 月 年 1 6 9	宅 月 年 3 8 2
東 宅 月 年 4 9 3	宅 月 年 6 2 5	**西** 宅 月 年 8 4 7
宅 月 年 9 5 8	宅 月 年 2 7 1	宅 月 年 7 3 6
東北	北	西北

在房子的西方位置有四七同宮：

七赤破軍星居巽位，主應癲病瘋狂，為金剋木之象，陰星最不喜受剋，如二黑受剋，恐出寡婦；四綠受剋，不利長女；七赤受剋，易惹桃花；九離受剋，中女有災，四巽木為長女，七兌金為少女，兩女相交，同性相拒相剋孤陰不生，易不合，官非，婚訟。

在房子的南方位置有六九同宮：

六乾為天，九紫為火，火天大有卦，火剋金的現象，飛星訣曰：「火燒天門（九紫火剋六乾金）而張牙相鬥，家生罵父之兒。」主出逆子，為吉凶不定之卦，當旺主添丁發財吉慶之事，主發科名之顯，但失運則因火來剋金，主長房血症或宅主頭部意外傷害，灶位設於此，則為火燒天門，必出逆子。

在房子的東南方位置有一四同宮：

得令必主發文貴，易有科名，金榜題名之喜，此方最適合當書房，放書桌，安床，定出聰明雅士之人，水生木之象，異性相生，陰陽調和，四一同宮準發科名之顯，四巽綠木主文昌，利於讀書考試，升職加薪，文職之人，失運時，則主桃花。

在房子的西北方位置有三六同宮：

心不正而有打殺搶劫犯者，三震為雷，六乾金為刀；四巽為風，七兌為帶槍警察，亦即雷風金戈定被刀槍殺，金剋木之象，逢六乾金所剋，患在房子的長男，亦主四肢受傷，官非訴訟，足部傷病，頭風，腦病，刀傷，跌打損傷，又應宅主或長男受災，當令則於乾宅或震宅之震方應科名喜慶之事。

PS：無論任何流年或流月凶星交會，避免擺設尖銳之物，該處宜靜不宜動。

西元2013年2月（農曆）

經紫白飛星診斷得知本月房子各方位經飛星碰撞而得到的現象，為以下說明，該方位好時好好造運，該方位不好時最好要有避煞（預防）的動作。

在房子的西方位置有三七同宮：

六七為交劍煞，主鬥爭是非不斷，二五，三七，七六同宮亦然，三七或七三同宮，最利於服務性的行業，如旅行社，報館等，亦主可掌握實權，七赤雖然是破軍星，但也是官貴星，只要心存善念者，定能生官發財，若心存惡念，且為非作歹者，必有意外血光，車禍，被殺之橫災，木主仁，逢剋則有忘恩負義之象，三七疊至，被劫盜更見官災，夫妻不和口角多，足有疾，遇九紫火易逢意外。

東南	南	西南
宅 月 年 5 9 4	宅 月 年 1 5 9	宅 月 年 3 7 2
東 宅 月 年 4 8 3	宅 月 年 6 1 5	宅 月 年 8 3 7 **西**
宅 月 年 9 4 8	宅 月 年 2 6 1	宅 月 年 7 2 6
東北	北	西北

在房子的南方位置有九五同宮：

五黃廉貞土與九紫右弼星同宮，九紫火星值廉貞而頓見火災，九紫生旺五黃災病星，主不吉，易有血症，火災，性病，當令逢吉星來會，則有意外喜慶之事，惟要防不測之變，故主生出之子弟智商不高，失運逢客星二黑或七赤來會，主胃疾，血疾，中毒，眼病，又外巒頭有形煞不利亦凶，因九離屬目，五黃屬土，目中有土則易有眼病，書云：「離位傷殘而目瞎也。」即指此而言，在五九的宮位，以六個【銅鈴】的數量代表乾金，其開運化煞效果最好，土旺宜洩不宜剋。

在房子的東北方位置有四八同宮：

四巽木剋八艮土，主應少男多病，八白為當運，則主有特殊癖好，致使意志容易消沉，木剋土之象，四綠為文昌，然八白土會四綠木，易損小口，三震碧木逢之則更凶，書云：「八會四而小口殞生。」故此方位住小兒，易生不幸事故，對孕婦亦不利，精神壓力重，當令得貴但有孤傲不群之象，失運則出書腐，不利小兒，又主鼻病，上肢神經痛。

在房子的西南方位置有二七同宮：

二七齊臨，主應宅主淫亂，為不正之桃花，小心桃花劫而破財，星曜分佈，如一六，二七，三八，四九為「連珠格」，主應大吉之兆，但是二七為同道火，火更旺，若於七運，則為火剋七赤金，七星受制，應旺而不旺矣！舉凡五行相生，木火，水木，皆主發科名；金水，火土，土金，皆主發財利，故二七同宮，主可發財。

PS：無論任何流年或流月凶星交會，避免擺設尖銳之物，該處宜靜不宜動。

紫白飛星吉凶應驗之日

日期：2013/09/18

經紫白飛星診斷得知本日，房子各方位經飛星碰撞而得到的現象，為以下說明，該方位好時好好造運，該方位不好時最好要有避煞（預防）的動作。

在房子的西方位置有七九同宮：

七兌少女，九離中女，七九二女居，其志不可得，先成後敗，財散人離，火剋金之象，書云：「九七穿途，常逢回祿之災。」因七赤兌口為澤，離火紅色主血，故曰：「火照澤天，兼患血症。」有吐血之症狀，又此方若見紅色或尖形，三角形物體或建物沖射或犯煞，必應火災，故忌於此方開門，設爐灶，動土，修建，其制化之法，如置水或將門窗緊閉等，是故前後庭院應避免呈三角形。

	東南	南	西南	
	宅 月 年 5 6 4	宅 月 年 1 2 9	宅 月 年 3 4 2	
東	宅 月 年 4 5 3	宅 月 年 6 7 5	宅 月 年 8 9 7	西
	宅 月 年 9 1 8	宅 月 年 2 3 1	宅 月 年 7 8 6	
	東北	北	西北	

在房子的北方位置有一三同宮：

水木相生之吉象，主財旺丁秀，惟一白坎水逢三碧之木所洩，則一白吉象會稍減，一白坎中男與三碧震長男為同性之星，雖主有名氣，但官訟是非，盜竊，破財，遷移之應難免。

在房子的東南方位置有四六同宮：

四六合十同宮，陰陽調和，主出人才、旺丁、掌權，但為金剋木之象，陰星最不喜受剋，如二黑受剋，恐出寡婦；四綠受剋，不利長女；七赤受剋，易惹桃花；九離受剋，中女有災，當令有成名得利喜慶之事，失元則宅主有厭世或剋妻之徵，易患肝病，蛇蟲咬傷，被狗咬。

在房子的東北方位置有一八同宮：

一白與八白同宮，雖然為土剋水之象，但在一運與八運期間，均主發文才雅士，為吉利之象，生旺富貴功名可期，剋煞則易損傷病耗，而八白為財帛星，主功名進財，添丁旺子，催財最吉方，此處最適宜擺放【貔貅+聚寶盆】招財聚財效果最好。

PS：在本日，以上方位為凶星交會，避免擺設尖銳之物，該處宜靜不宜動。

紫白飛星吉凶應驗之時

日期：2013/09/18 卯時

經紫白飛星診斷得知該時辰，房子各方位經飛星碰撞而得到的現象，為以下說明，該方位好時好好造運，該方位不好時最好要有避煞（預防）的動作。

	東南	南	西南	
	宅 月 年 5 8 4	宅 月 年 1 4 9	宅 月 年 3 6 2	
東	宅 月 年 4 7 3	宅 月 年 6 9 5	宅 月 年 8 2 7	西
	宅 月 年 9 3 8	宅 月 年 2 5 1	宅 月 年 7 1 6	
	東北	北	西北	

在房子的東方位置有三七同宮：

六七為交劍煞，主鬥爭是非不斷，二五，三七，七六同宮亦然，三七或七三同宮，最利於服務性的行業，如旅行社、報館等，亦主可掌握實權，七赤雖然是破軍星，但也是官貴星，只要心存善念者，定能生官發財，若心存惡念，且為非作歹者，必有意外血光，車禍，被殺之橫災，木主仁，逢剋則有忘恩負義之象，三七疊至，被劫盜更見官災，夫妻不和口角多，足有疾，遇九紫火易逢意外。

在房子的西方位置有二七同宮：

二七齊臨，主應宅主淫亂，為不正之桃花，小心桃花劫而破財，星曜分佈，如

一六、二七、三八、四九為「連珠格」，主應大吉之兆，但是二七為同道火，火更旺，若於七運，則為火剋七赤金，七星受制，應旺而不旺矣！舉凡五行相生、木火、水木，皆主發科名；金水、火土、土金，皆主發財利，故二七同宮，主可發財。

在房子的北方位置有一五同宮：

土剋水之象，五黃為災病星，須防耳疾、婦女病、貧血、腎虛耳鳴、浮腫、中毒、胃出血、子宮之疾，一坎為中男，逢五黃凶星剋害太過，慎防次子有傷亡或病耗之危，此處土剋水，使用【銅鈴】屬金，開運化煞效果最好，達到通關之應。

在房子的東南方位置有四八同宮：

四巽木剋八艮土，主應少男多病，八白為當運，則主有特殊癖好，致使意志容易消沉，木剋土之象，四綠為文昌，然八白土會四綠木，易損小口，三震碧木逢之則更凶，書云：「八會四而小口殞生，」故此方位住小兒，易生不幸事故，對孕婦亦不利，精神壓力重，當令得貴但有孤傲不群之象，失運則出書腐，不利小兒，又主鼻病，上肢神經痛。

PS：在該時辰，以上方位為凶星交會，避免擺設尖銳之物，該處宜靜不宜動。

紫白飛星家中文昌位

古人讀書為聖賢，今人讀書為賺錢，雖然是一句俏皮話，卻道出了每個人對讀書，求學，求官，求功名的重視，所以文昌位的利用，就顯得更為重要，最起碼的原則文昌位絕不能是房子的廁所或廚房所在，否則容易失去判斷力，功名成就難如意。

經診斷房子開震門＝100度，所以文昌位在房子的坤方（西南方）。

上面的文昌位是運用紫白飛星法所找出來的，適用每個人，如果您要求【個人文昌位】，那就可搭配下面這張圖表，來安排催文昌之靜動開運物。

貴人 文昌位

年次							文昌位	開運物
31	41	51	61	71	81	91	東北	旋轉文昌塔
32	42	52	62	72	82	92	東	文昌筆
33	43	53	63	73	83	93	東南	文昌筆
34	44	54	64	74	84	94	南	旋轉文昌塔
35	45	55	65	75	85	95	西南	文昌筆
36	46	56	66	76	86	96	西	旋轉文昌塔
37	47	57	67	77	87	97	西南	文昌筆
38	48	58	68	78	88	98	西	旋轉文昌塔
39	49	59	69	79	89	99	西北	旋轉文昌塔
40	50	60	70	80	90		北	文昌筆

紫白飛星家中財庫位

錢財雖然不是萬能，但沒有了錢財卻是什麼都不能，是故陽宅的財庫位就顯得格外重要，財庫位必須佈局得宜，要能藏風聚氣，直角方，忌門、窗、走道，財庫位一般可安置財神、貔貅、風水球、發財樹、聚寶盆、三角蟾蜍、財神袋組（招財、化煞、擋煞、鎮煞、乘煞）。

紫白派財位的選擇有三種方法，可參考用之。

第一種方法所找出的財位為：西南方。

現在房子為下元八運（民國93—112年），將【8】帶入中宮飛泊，找出【八白】即為財庫位，因【八白】在房子的中宮可寄入西南方（坤方），就是八運的財庫位。

第二種方法所找出的財位為：西方。

依住宅坐向尋找財庫位，找尋【八白】方就是該宅的財庫位。

乾宅（坐西北向東南）的財庫位求法是將（乾）的後天數【6】代入中宮飛泊，則兌方為【8】，所以乾宅的財庫位為西方如下圖：

	東南	南	西南	
	7	3	5	
東	6	8	1	西
	2	4	9	
	東北	北	西北	

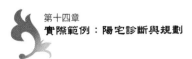

東南		南		西南
	5 沖關 土 向	1 洩 水	3 死 木	
東	4 死 木	6 金	8 生 土	西
	9 煞 火	2 生 土	7 旺 金 座	
東北		北		西北

第三種方法所找出的財位如圖表所示：

一般的財庫位坊間很多老師為了方便，都以入門對角線的方位論之，殊不知正確有作用的財庫位是要依卦位而量出的。

以下為紫白飛星法，用門去對應，所找出的財位與旺位。

尋財位須以中宮之五行，剋八宮五行者為財位，生中宮或與中宮五行相同者為旺位，有很多住宅或店面工廠在財位上並不適合佈置，是故藉以旺位代之亦可。

門位	坎	坤	震	巽	乾	兑	艮	離
	北方	西南	東方	東南	西北	西方	東北	南方
財位	震坤	兑	坎坤	震坤	震離	巽坎	巽	巽
方位	東或西南	西	北或西南	東或西南	東或南	東南或北	東南	東南
旺位	離艮	乾艮	離乾巽	坎乾兑	巽坤	震乾	震坤	坎坤
方位	南或東北	西北或東北	南或西北或東南	北或西北或西	東南或西南	東或西北	東或西南	北或西南

紫白飛星家中桃花位

桃花位分為本命桃花，宅桃花，流年桃花三種，都可以用同樣方式來催旺。

姻緣較慢的朋友，可以在自己的房間做以下的佈置來催旺姻緣桃花：

個人先天桃花位催旺法

出生年支	桃花位五行	花瓶顏色	花朵數目	轉運金牌
亥（豬）**卯**（兔）**未**（羊）	子 1·6 水	金	1·6	子
巳（蛇）**酉**（雞）**丑**（牛）	午 2·7 火	木	2·7	午
寅（虎）**午**（馬）**戌**（狗）	卯 3·8 木	水	3·8	卯
申（猴）**子**（鼠）**辰**（龍）	酉 4·9 金	黃	4·9	酉

如桃花位與五黃位同宮不用

以房間的正中心做定位，用指北針定位後，找出各生肖的桃花位，擺花瓶要插鮮花，花謝了，馬上換掉，至少要七次以上，才可以停止不擺花，在睡覺前要用心冥想結婚的場景，日子必須持續7×7天，共49天，同時可以在房間佈置一些柔性溫馨的圖，這樣一來，姻緣就會悄悄進來。

最方便的法門，就是身上帶著個人所屬的轉運金牌，效果最佳。

一般均在房子的房間佈置個人桃花，因為住宅桃花乃針對家中的每一份子，若有已婚者住在房子的其中，走「桃花運」卻都是負面的多，稱之為「濫桃花」或是「桃花劫」。

屋宅『開門大吉』佈局法

古有一說：開對門，富貴連連；開錯門，衰運連連，以下建議讓您未來買屋，選屋時，作為參考的依據，飛星派論命最忌之宅，向，運所互搭出之吉凶參考。

因本宅座乾（西北方），門開在震方（東方），所以依照開門大法理論宅運會有以下現象：互相不宜開門，震為乾之五鬼方（廉貞星），乾亦如之，金來剋木，傷長子，火去傷金，傷老父，此乃星剋宮，宮剋宮也，主火災盜賊官訟牢獄之厄，並患邪魔，父子不和。

PS：總而言之，當房子已經買了，雖有開錯門的遺憾，但一定有解決的辦法，注意謀求

制化之道，而依五行相生，比旺或通關之原則，加以化解其凶象即可，可用大門顏色或沙發顏色或引財龍銀等方式來破解。

以九星水法論本宅吉凶

九星水法是以向為依，上起輔弼翻卦，因此又稱為輔星水法，以地盤正針立向，看來水與去水則以天盤縫針定之。

九星順序為輔弼，武曲，破軍，廉貞，貪狼，巨門，祿存，文曲，以【輔弼，貪狼，巨門，武曲為吉星；破軍，祿存，文曲，廉貞為凶星，】係取其淨陰淨陽，奇配奇，偶配偶，陰陽不雜之義，陰水來立陰向，陽水來立陽向，即經云之「陽向水來陽，富貴百年昌，陰向水來陰，富貴斗量金。」如來水收吉星，去水又出吉星，則先吉後凶；如來水收凶星，去水又出吉星，則為敗局。

經診斷本宅為乾山巽向，以向為依據，依九星水法來論，本宅的來水：202度丁方，去水：89度甲方，水路1來度乙方　，水路1去度坤方，所以對本宅會有以下之現象：

收貪狼水：

又名「生氣」，主人丁大旺，聰明孝友，財帛旺盛，福澤綿延，家庭迪吉，富貴雙全，先勞後發，三六九房發，甲乙亥卯未年應，

出廉貞水：
家業順利，財源廣進，官場如意，五鬼運財。

收祿存水：
又名「禍害」，主愚頑狂妄，四處流離，淫亂敗財，離婚孤寡，身體殘缺，車禍血光，孤寡聾啞，財運退敗，三六九房應，戊己辰戌丑未年應，

出祿存水：
財源廣進，節儉守財，家庭和樂，子孫順利。

PS：水勢大，其影響吉凶之力亦大；水勢小，其影響吉凶之力亦小，水明現照印，其應驗迅速；水不明現照印，其應驗較緩。

以九星砂法論本宅吉凶

九星水法是以立向來納甲，九星砂法則是以座山（地盤正針）來納甲，翻卦順序為「輔弼，貪狼，巨門，祿存，文曲，廉貞，武曲，破軍，」與九星水法略有不同，但同樣以【輔弼，貪狼，巨門，武曲為吉星；破軍，祿存，文曲，廉貞為凶星。】

依屋宅之坐山或來龍（地盤正針），看前後左右四周之山峰立於何方位（人盤中針），由坐山或來龍所屬之卦起爻變，吉星位置的山峰要高大豐滿；祿存，文曲，廉貞，破軍等凶星所在的砂峰，則要低伏矮小。

經診斷本宅為乾山巽向，以座為依據，依九星砂法來論，本宅的190度午方有高大物，對本宅會有以下現象：

該高大物為破軍星：

財運極差，多病損壽，凶則病死。

PS：經診斷是被四吉星照到那要恭喜您！如果是被四凶星照到，則可用羅盤或麒麟或貔貅來改變磁場，則可趨吉避凶，一路順遂。

綜合各派對不孕症之佈局解說

夫妻雙方身體都沒問題，也很符合優生學，經濟能力又不差，為何結婚多年而妻之肚子一直沒有消息？靈驗之玄空風水有求子息方法，效果不差。不妨試試看！

育齡婦女未避孕，男方生殖功能正常，二年而未受孕者，一般婦科稱為不孕症，依現代醫學之研究，肇因於女方因素有下列幾項：

1、婦女排卵功能障礙，

2、生殖器官病變。

3、精子與卵子之間免疫因素影響。

4、生活職場環境。

5、居家風水……等因素，而使得育齡婦女無法懷孕。

又依流行病學之統計，在未實施節育計劃之情況下，新婚後一年內懷孕者約80％，而於二年內有身孕者約90％，統計數據顯示，不孕症之原因比率：男方因素約占40％，女方因素佔40—50％，男女雙方之共同因素約占20—30％，而不明原因者，如風水，磁場欠佳…等，約占6—10％。

綜合歷代醫家之研究分析結果，導致婦女不孕之病因不外是腎虛，肝鬱，氣血兩虛，痰濕，濕熱，氣滯血瘀…等因素，尚有導因於風水，命理或無明業障…等因素者。

經診斷後在西元2013年2月（農曆）：

如果您的房門或窗戶開在：東方，北方，則可將床移至另一方（東方，北方），再好好做人，則懷孕之機會會提昇許多。

東南		南		西南
	宅 月 年 5 9 4	宅 月 年 1 5 9	宅 月 年 3 7 2	
東	宅 月 年 4 8 3	宅 月 年 6 1 5	宅 月 年 8 3 7	西
	宅 月 年 9 4 8	宅 月 年 2 6 1	宅 月 年 7 2 6	
東北		北		西北

經診斷後在西元2013年4月（農曆）：

如果您的房門或窗戶開在：東方，北方，則可將床移至另一方（東方，北方），再好好做人，則懷孕之機會會提昇許多。

經診斷後在西元2013年7月（農曆）：

如果您的房門或窗戶開在：南方，北方，東北方，西北方，則可將床移至另一方（南方，北方，東北方，西北方），再好好做人，則懷孕之機會會提昇許多。

東南	南	西南
宅 月 年 5 7 4	宅 月 年 1 3 9	宅 月 年 3 5 2
東 宅 月 年 4 6 3	宅 月 年 6 8 5	宅 月 年 8 1 7 **西**
宅 月 年 9 2 8	宅 月 年 2 4 1	宅 月 年 7 9 6
東北	北	西北

東南	南	西南
宅 月 年 5 4 4	宅 月 年 1 9 9	宅 月 年 3 2 2
東 宅 月 年 4 3 3	宅 月 年 6 5 5	宅 月 年 8 7 7 **西**
宅 月 年 9 8 8	宅 月 年 2 1 1	宅 月 年 7 6 6
東北	北	西北

經診斷後在西元2013年11月（農曆）：

如果您的房門或窗戶開在：東方，北方，則可將床移至另一方（東方，北方），再好好做人，則懷孕之機會會提昇許多。

東南	南	西南
宅 月 年 5 9 4	宅 月 年 1 5 9	宅 月 年 3 7 2
東 宅 月 年 4 8 3	宅 月 年 6 1 5	宅 月 年 8 3 7 **西**
宅 月 年 9 4 8	宅 月 年 2 6 1	宅 月 年 7 2 6
東北	北	西北

實務操作：請參考本書第十二章綜合各派對不孕症之佈局解說。

以上範例之所有診斷內容，均從吉祥坊易經開運中心所研發的紫白飛星軟體所列印出來的，現代人找老師看陽宅如果能得到一本完整的堪輿陽宅規劃書，相信這種客戶服務鐵定是會得到好評的，如果您需要這套軟件請來電。

本陽宅系列的書共有五本：

（一）《學會紫白飛星，這本最好學》。

（二）《學會三元玄空，這本最好用》。
（三）《學會乾坤國寶，這本最容易》。
（四）《學會八宅明鏡，這本最簡單》。
（五）《學會羅盤運用，這本最正確》。

紫白飛星排盤軟體試用版安裝與功能解說

購買本書所贈送的紫白飛星應用軟體安裝說明

安裝前一定要將防毒軟體暫時關閉，將光碟片放入光碟槽中，會自動安裝或直接按光碟機中的setup鈕就可進行安裝。

本書所贈送的紫白飛星應用軟體功能解說

以下所有功能均可使用預覽，但不能列印，且只能使用一個月，一個月後即不能使用（如果要永久使用及列印所有功能就必需購買專業版意洽：（04-24521393）吉祥坊

紫白飛星　陽宅診斷與制煞專業版功能表

八字命盤列印

紫微命盤列印

安神二十四方位吉凶解說

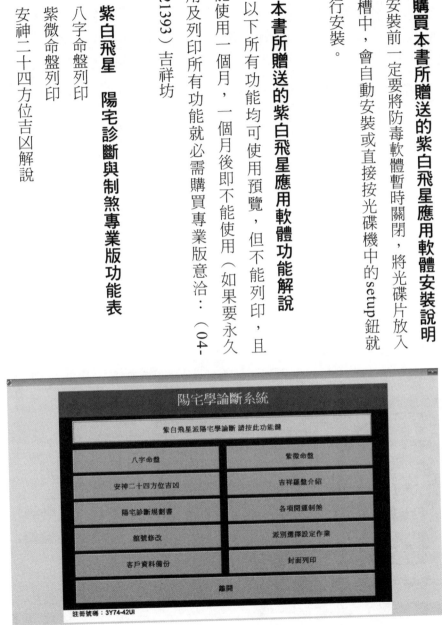

吉祥羅盤介紹
各項開運制煞物品解說
陽宅診斷規劃書列印
紫白飛星屋宅吉凶方位詳述
紫白飛星吉凶應驗之年
紫白飛星吉凶應驗之月
紫白飛星吉凶應驗之日
紫白飛星吉凶應驗之時
紫白飛星家中文昌位
紫白飛星家中財庫位
紫白飛星家中桃花位
紫白飛星派命，宅座向忌配論
屋宅『開門大吉』佈局法
以九星水法論本宅吉凶
以座山論週邊大樓對本宅吉凶
綜合各派對不孕症之佈局解說

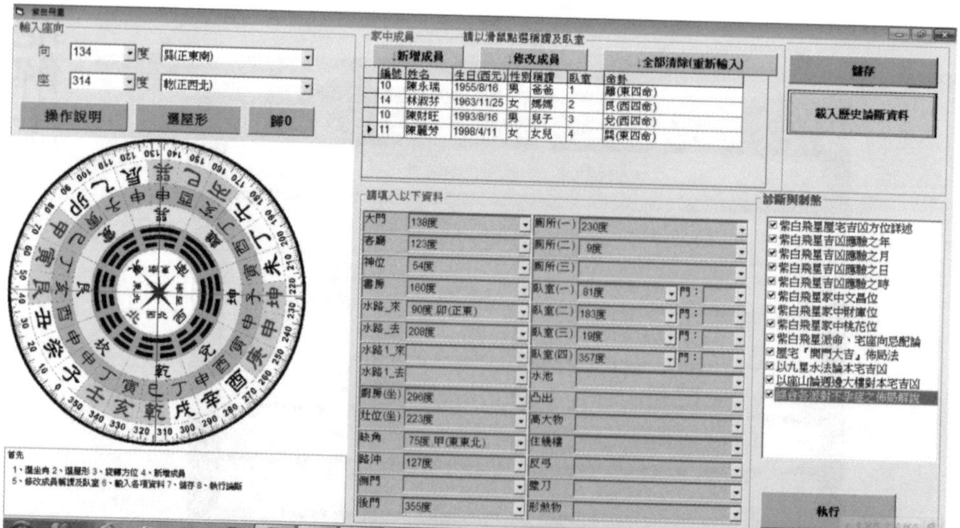

專業版軟體只要輸入坐向及各方位角度，軟體就可詳細列出各方位吉凶及如何開運制煞，如購買本書讀者，購買專業版軟體一律九折優惠。

吉謙坊命理開運中心服務項目

一，綜合姓名，面相，陰陽宅，八字命理諮詢	2000元
二，綜合姓名學命書一本	1200元
三，八字流年命書一本	1800元
四，奇門遁甲求財，考試，旅遊，合夥，婚姻，購屋，訴訟，盜賊，疾病等等吉凶用事方位	1200元
五，逢凶化吉，趨吉避凶轉運金牌（附八字流年命書）	5000元
六，命名，改名（附八字流年命書，改名上表疏文）	3600元
七，公司命名（附八字流年命書）	5000元
八，擇日，起攢（撿骨），火化，進塔	6000元起
九，一般開市，搬家，動土擇日（附八字流年命書）	2000元
十，嫁娶合婚擇日（附新郎，新娘八字流年命書）	3600元
十一，剖腹生產擇日（必須醫生證明需要剖腹生產）	3600元
十二，陽宅鑑定	6000元
十三，陽宅規劃佈局（附男，女八字流年命書）	16000元起

十四，入宅安香，安神，安公媽	10000元起
十五，開運印鑑 （附八字流年命書）（紅壇木，琥珀，赤牛角等，印鑑擇日開光）	9000元
十六，開運名片（附八字流年命書，名片擇日開光）	3600元
十七，數字論吉凶（找尋最適合自己的幸運數字，包括先天與後天數字）	500元
十八，專題講座，喪禮服務，前世今生	電洽或面洽
十九，生基造福　（此地產權與使用權清楚，達到催官，增壽，進祿，招財保命，啟智之效，請參考www.3478.com.tw）	電洽或面洽
二十，各類開運化煞物品（請參考www.3478.com.tw）	電洽或面洽
廿一，賣屋動竅妙，訴訟必勝法，無法入睡，收驚尋人，考試投標助運等	電洽或面洽
廿二，八字（初中高階），姓名學（多學派），陰陽宅（多學派）開運名片，開運印鑑，面相，擇日教學，安神公媽，避煞制煞妙法，國家丙級技術士禮儀師考證	電洽或面洽

服務處：高雄市茄萣區茄萣路二段187號
電話：07-6922600　李羽宸老師　　行動：0930-867707
網址：http://www.3478.com.tw　　E-mail：chominli@yahoo.com.tw
網址：http://3478.kk131.com

吉祥坊易經開運中心服務項目

一，命理諮詢附八字詳批或紫微詳批	3600元
二，命名，改名（用多種學派），附八字命書一本	3600元
三，一般開市，搬家，動土，擇日，附奇門遁甲擇日	1200元
四，嫁娶合婚擇日 附新郎，新娘八字命書一本	3600元
五，剖腹生產擇日 附36張時辰命盤優先順序	3600元
六，陽宅鑑定及規劃佈局 附男，女主人八字命書一本	12000元
七，開運印鑑 附八字流年命書一本	9000元
八，吉祥印鑑	2500元
九，開運名片附八字流年命書一本	3600元
十，八字命理，陽宅規劃，姓名學初階班招生	電洽
十一，多種教學VCD，DVD，請上網瀏覽	電洽

十二，姓名學，八字論命，奇門遁甲，紫微斗數，擇日軟體，前世今生，八宅明鏡，紫白飛星，三元玄空，乾坤國寶數字論吉凶，開運養生等軟体 請上網瀏覽	好用軟體特價
十三，各類開運物品或制煞物品，請上網查閱	電洽

PS：凡購買本書者，舉凡上列所有服務項目及本中心所有開運吉品一律9折優惠

服務處：台中市西屯區西屯路二段297之8巷78號（逢甲公園旁）
電話：04-24521393 黃恆堉老師　行動：0980-258768
網址：http://www.abab.com.tw　E-mail：w257@yahoo.com.tw
網址：http://www.131.com.tw　E-mail：abab257@yahoo.com.tw

國家圖書館出版品預行編目資料

學會紫白飛星，這本最好學／黃恆堉、李羽宸著.
－－第一版－－臺北市：知青頻道出版；
紅螞蟻圖書發行，2014.10
面 ； 公分－－(Easy Quick；138)
ISBN 978-986-5699-42-0（平裝附光碟片）

1. 堪輿

294 103019305

Easy Quick 138

學會紫白飛星，這本最好學

作　　者／黃恆堉、李羽宸
發 行 人／賴秀珍
總 編 輯／何南輝
校　　對／周英嬌、黃恆堉、李羽宸
美術構成／Chris' office
出　　版／知青頻道出版有限公司
發　　行／紅螞蟻圖書有限公司
地　　址／台北市內湖區舊宗路二段121巷19號（紅螞蟻資訊大樓）
網　　站／www.e-redant.com
郵撥帳號／1604621-1 紅螞蟻圖書有限公司
電　　話／(02)2795-3656（代表號）
傳　　真／(02)2795-4100
登 記 證／局版北市業字第796號
法律顧問／許晏賓律師
印 刷 廠／卡樂彩色製版印刷有限公司
出版日期／2014年 10月 第一版第一刷
2021年 5月 第二刷（500本）

定價 300 元　港幣 100 元

ISBN 978-986-5699-42-0　Printed in Taiwan